Reinhold Stecher
Alles hat seine Zeit

Reinhold Stecher

# Alles hat seine Zeit

Texte, Bilder und Zeichnungen
zum Lachen und Klagen,
zum Träumen und Nachdenken

Aus dem Nachlass herausgegeben
von Paul Ladurner

Tyrolia-Verlag · Innsbruck-Wien

Mitglied der Verlagsgruppe „engagement"

Bibliografische Information Der Deutschen Nationalbibliothek
Die Deutsche Nationalbibliothek verzeichnet diese Publikation in der Deutschen
Nationalbibliografie; detaillierte bibliografische Daten sind im Internet über
http://dnb.d-nb.de abrufbar.

© 2014 Verlagsanstalt Tyrolia, Innsbruck
Umschlaggestaltung und Layout: Tyrolia-Verlag, Innsbruck
Covermotiv: Am Ritten
Lithografie: Artilitho, Lavis (I)
Druck und Bindung: Gorenjski Tisk, Kranj (SLO)
ISBN 978-3-7022-3396-9 (gedrucktes Buch)
ISBN 978-3-7022-3397-6 (E-Book)
E-Mail: buchverlag@tyrolia.at
Internet: www.tyrolia-verlag.at

# Vorwort

Die „Nachlese", das erste „Stecher-Buch" nach seiner „sanften Landung", hat ein starkes Echo in der Leserschaft ausgelöst. Wiederholt ist die Hoffnung, ja geradezu der Wunsch aufgetaucht, es könnte doch noch ein zweites derartiges Buch erscheinen.

Der umfangreiche Nachlass des beliebten Bischofs bot tatsächlich die Möglichkeit dazu. Seine lebensnahe Spiritualität, aber auch sein lebensfroher Humor und die noch vorhandenen Prosatexte und Gedichte, die erfrischenden und oft ungeschminkten Karikaturen und nicht zuletzt seine ansprechenden Aquarelle – alles noch unveröffentlicht – riefen geradezu danach, den Fundus noch weiter zu durchforsten, und so habe ich mich entschlossen, ein neues Stecher-Buch herauszugeben.

Reinhold Stecher war ein ausgezeichneter Bibelkenner. Besonders geschätzt hat er das Buch Kohelet aus dem Alten Testament wegen seiner Menschennähe und seinem „modernen Weltempfinden". Von diesem Autor habe ich deshalb den Titel des neuen Buches übernommen.

Kohelet war ein Realist. Er vertrat den Standpunkt, das irdische Glück sei fragwürdig und letzten Endes könne nur Gott den Menschen zufriedenstellen. Das „irdische Glück" kommt auch in diesem Buch zu Wort. Dabei verwende ich das berühmte Zitat Kohelets: *„Alles hat seine Zeit"* und teile meine Überlegungen – genauer gesagt, die Überlegungen, Gedichte, Aquarelle und Karikaturen Reinhold Stechers – entsprechend ein in eine Zeit zum Lachen und Schmunzeln, aber auch in eine Zeit zum Klagen und schließlich zum Nachdenken, Träumen, Wandern, Staunen und Meditieren.

Beide Aspekte, das irdische Glück und die Hinwendung zu Gott, waren für Reinhold Stecher eins. In seinem Wirkungskreis hat er viel Freude verbreitet und zugleich eingemahnt und ermutigt, den Blick auf den gütigen und wohlwollenden Gott zu richten, der letzten Endes alles Helle und alles Dunkle väterlich umarmt.

Jedenfalls freue ich mich, dieses Buch seinen Freunden und – ganz allgemein – dem interessierten Publikum als eine Art „Stecher'sches Vermächtnis" zu übergeben. Auch möchte ich anregen, ihn mit seinen Vorstellungen, seinen Ideen und Anliegen im Herzens-Gedächtnis zu behalten.

Innsbruck, im Sommer 2014<br>Paul Ladurner

PS: Schließlich möchte ich noch meiner lieben Frau Inge danken. Sie hat auch dieses Buch kritisch und wohlwollend, jedenfalls ganz wertvoll begleitet.

# Nachwort zum Vorwort

*„Dem, der nicht sich selber meint,
dem gibt man alle Schlüssel."*

Diesen Satz hat Reinhold Stecher viele Male zitiert und diese Erkenntnis hat ihn wohl dazu bewogen, den Großteil seines geistigen Nachlasses dem anzuvertrauen, der nicht sich selber meint: seinem bescheidenen Freund Paul, meinem lieben Mann.

Dieser „Schlüsseldienst" hat Paul viel Zeit gekostet. Um Reinholds vielschichtige Persönlichkeit spürbar aufleben zu lassen, will Paul, der „Schlüssel-Dienstmann", ja nicht nur die „geistigen Prunkgemächer" von Reinholds Lebenshaus zeigen, sondern auch die kleinen alltäglichen Räume. Gern schließt er die kleine Vorratskammer auf, die Reinholds origineller Großvater, der Bäcker, mit so viel Witz und Humor, despektierlichen Sprücheln, Liedern und Gschichtln angefüllt und damit seine Enkel Lachen und Lebensnähe gelehrt hat.

So versteht sich Paul nicht als Architekt eines würdigen Stecher-Denkmals, auch nicht als Fahrdienstleiter eines schönen Nostalgiezuges, sondern als treuer Freund, der Erinnerung als Lebenshilfe weitergeben will. Gutes Erinnern soll uns ja ermutigen, das Heute positiv zu gestalten und voll Zuversicht ins Morgen zu schauen.

Ingeborg Ladurner

# Inhalt

Vorwort .................................... 5
Nachwort zum Vorwort ........................ 7

EINE ZEIT ZUM LACHEN ..................... 11
   Brief des Kaplans Seiner Heiligkeit ............ 13
   Generalabsolution........................ 16
   Einzug der Würdenträger ....................17
   Wandel im Priesterkleid ................... 18
   Bischofsleben .......................... 20
   Pfarrgemeinderat ....................... 22

EINE ZEIT ZUM KLAGEN .................... 23
   Winterlicher Vatikan ..................... 24
   Kirchenklage ........................... 26
   Rom hat das Image der Barmherzigkeit verloren .... 27
   Machtspiele in der Kirche ................. 37
   Kirche und Sexualität .................... 42
   Die Kirche und die Frauen ................. 44

EINE ZEIT ZUM NACHDENKEN ................ 51
   Rauchsignale der Heiligen Schrift ............ 52
   Die Medaillen in der Spielkiste ............. 56
   Abend in Monaco ....................... 62
   Der Mythos und die Mythen ................ 65
   Der Horizont blieb hell ................... 74
   Friedensgruß ........................... 76
   Vom Segen des Handwerks ................. 80
   Das Gloria in der Polarnacht ............... 86
   Die alte Lehrerin ....................... 93

EINE ZEIT ZUM SCHMUNZELN . . . . . . . . . . . . . . . . . .  97
   Zwei Kaiser . . . . . . . . . . . . . . . . . . . . . . . . . . . . .  98
   Verehrer moderner Kunst . . . . . . . . . . . . . . . . . . .  99
   Der Songcontest im Laufe der Geschichte . . . . . . .  102
   Kater und Polizeihund . . . . . . . . . . . . . . . . . . . . .  104
   Die Henne Kummernuss . . . . . . . . . . . . . . . . . . . . . 109
   Die kleine Lebenskunst . . . . . . . . . . . . . . . . . . . .  110
   Der missbrauchte Engel . . . . . . . . . . . . . . . . . . . .  111
   Memoiren sind unzumutbar . . . . . . . . . . . . . . . . .  112

EINE ZEIT ZUM TRÄUMEN . . . . . . . . . . . . . . . . . . . .  117
   Der Strom . . . . . . . . . . . . . . . . . . . . . . . . . . . . . .  118
   Wachau . . . . . . . . . . . . . . . . . . . . . . . . . . . . . . . .  120
   Melk . . . . . . . . . . . . . . . . . . . . . . . . . . . . . . . . . . .  122
   Ruine Dürnstein . . . . . . . . . . . . . . . . . . . . . . . . . .  124
   Abendgesang der Donau . . . . . . . . . . . . . . . . . . .  126

EINE ZEIT ZUM WANDERN . . . . . . . . . . . . . . . . . . .  129
   Die Berge sind mehr . . . . . . . . . . . . . . . . . . . . . .  130
   Kleiner Impuls für sanftere Routen . . . . . . . . . . . .  134

EINE ZEIT ZUM MEDITIEREN . . . . . . . . . . . . . . . . . .  137
   Morgen am Waal . . . . . . . . . . . . . . . . . . . . . . . .  138
   Das andere Handy . . . . . . . . . . . . . . . . . . . . . . .  141
   „Die Freude am Herrn ist eure Stärke" . . . . . . . . .  144
   Lyrik auf der Seceda . . . . . . . . . . . . . . . . . . . . . .  147
   Die Ewigkeit in der Zeit . . . . . . . . . . . . . . . . . . . .  149
   Gedanken zu den Generationen . . . . . . . . . . . . .  153
   Beten mit der Heiligen Schrift . . . . . . . . . . . . . . .  156

## Erstes Kapitel
# EINE ZEIT ZUM LACHEN

*Lachen war ein wichtiger Bestandteil von Reinholds Lebensgepäck. Da war einmal sein Großvater, von dem er zahlreiche Witze, arge Sprüche und originelle Lieder übernommen hat. Aber auch seine eigene Mentalität war danach. Wir haben es oft schon an seinem Gesichtsausdruck erkannt, dass ihm wieder etwas Skurriles eingefallen ist. „Reinhold! Sicher ist dir wieder was Blödes eing'fallen", sagten dann die Kinder. Er wehrte ab: „Ihr müsst's nicht alles wissen." In Wirklichkeit hat er nur darauf gewartet, dass sie ihm seinen „blöden Einfall" abtrotzen. Solche „Einfälle" hat er oft in originelle Gedichte gekleidet. Manchmal richtete er seinen Spott auf eine historische oder literarische Persönlichkeit, zuweilen war ihm einfach ein neuer Witz eingefallen. Aufs Korn genommen hat er beispielsweise edle Gestalten, Offiziere, preußische Adlige, Napoleon oder auch kirchliche Würdenträger.*

*Wenn im Paulinum, wo er in den 1950er Jahren als Präfekt tätig war, kein Unterricht oder Studium angesagt war, hielt er sich gerne im Kreise „seiner Klassen" auf. Nicht selten ertönte dann durch die Gänge des Hauses ein „homerisches Gelächter". Reinhold hatte wieder einen seiner Witze erzählt.*

*Ähnliches können wohl auch manche Leser dieses Buches erzählen, die mit ihm am Berg, auf Wanderungen, bei Exerzitien oder Einkehrtagen, bei Jubiläen oder Wallfahrten beisammen waren. Bei ihm waren Ernst und Humor harmonisch verbunden.*

*Sein Humor konnte urig oder subtil sein, hintergründig oder gepfeffert. Oft begleitete er seine „Lach-Texte"* mit Karikaturen. Anlässlich einer Bischofssynode im Vatikan hatte er erlebt, wie viele schwarze Bischöfe in die Aula strömten. Am nächsten Tag war eine Karikatur da mit dem Titel „Afrika ante portas": Auf Elefanten thronend zogen schwarze Bischöfe in den Vatikan ein. Natürlich konnte diese Karikatur auch in „schwarzen Kreisen" nicht verborgen bleiben, worauf er von den afrikanischen Bischöfen um Fotokopien bestürmt wurde.

# Brief des Kaplans Seiner Heiligkeit

*Mit kirchlichen Würden und Titeln hatte Reinhold Stecher seine Schwierigkeiten. Im Jahre 1976 hat es ihn selbst erwischt: Er wurde zum Monsignore ernannt, das bedeutet „Kaplan Seiner Heiligkeit". Ich vergesse nicht sein maliziöses Lachen, als er uns seine „vatikanische Beförderung" mitteilte. Wohl als seelisches Ventil hatte er damals folgenden fingierten Brief verfasst:*

Carissimi!

Eure Gratulationen haben in UNS die lebhaftesten, dankbaren und väterlichen Gefühle geweckt, so dass WIR UNS entschlossen haben, Euch mit einem huldvollen Handschreiben zu beglücken.

WIR sind noch selbst überwältigt von der überaus hohen Würde, zu der WIR berufen wurden, und von der aus WIR unsere bisherigen Connaissancen und Bekanntenkreise in unendlichem Abstand unten liegen sehen. Trotzdem fühlen WIR UNS gedrängt, den angemessenen Abstand in leutseliger Weise zu überbrücken, soweit die Autorität und Erhabenheit UNSERES Amtes dies zulässt. Da nicht zu verleugnende Bande des Blutes UNS mit Euch verbinden und WIR UNS UNSERER niederen Abkunft nicht zu schämen brauchen, mag eine gewisse Vertraulichkeit gestattet sein, die in die intimeren Lebensbereiche eines hohen Würdenträgers Einblicke gewährt, wie sie sonst dem gewöhnlichen Volke vorenthalten werden müssen.

WIR gestehen schmerzbewegt, dass es im Drang der Geschäfte des Alltags sehr leicht geschehen kann, dass vor allem mit dem Vollzug banaler Tätigkeiten wie der Inbetriebnahme des Zweirads, des Löschens der Schultafel, des Korrigierens von Prüfungsaufgaben und Ähnlichem das notwendige Würde-Bewusstsein etwas leidet oder überdeckt wird.

Wenn aber der Abend kommt und die Dienerschaft sich zurückgezogen hat, pflegen WIR vor den Spiegel zu treten, UNS in die Augen zu schauen, UNS wiederum übermannen zu lassen wie bei der Öffnung des inhaltsschweren Dekretes und dann zu UNS zu sagen: Gute Nacht, Monsignore!

Und dann kann es geschehen, dass die Welt um UNS versinkt und WIR UNS umgeben wissen von Kolonnaden und Springbrunnen, Schweizergarde und Spitzenchorröcken. WIR hören förmlich das Rauschen der Schleppen und den Klang der silbernen Fanfaren und finden UNS in jener Welt, für die WIR UNS – hier sei es offen gesagt, da WIR nicht fürchten müssen, falsch verstanden zu werden, – schon immer geboren wussten.

Soweit es in UNSEREN bescheidenen Kräften

liegt, werden WIR alles tun, um den Glanz der päpstlichen Hofhaltung durch häufige und geschäftige Anwesenheit zu erhöhen, wenn auch UNSERE römischen Aufgabenkreise als Capellanus Suae Sanctitatis noch von einer etwas schmerzlichen Unbestimmtheit gekennzeichnet sind und dringend deutlicher präzisiert werden müssen (WIR erwarten täglich ein entsprechendes Motu proprio des Heiligen Stuhles).

Im erhebenden Bewusstsein, dass auch in Euren Kreisen eine, wenn auch vielleicht noch undifferenzierte und der Sache nicht ganz entsprechende Ahnung von der kirchengeschichtlichen Bedeutung dieser Ernennung aufgeblüht ist, reichen WIR Euch mit aller Herablassung, deren WIR fähig sind, geistigerweise die Hand über den Alpenhauptkamm zum Kusse.

Gegeben zu Innsbruck,
im ersten seligen Jahr
UNSERER Würde,
24. 1. 1976

# Generalabsolution

Die kirchliche Begriffswelt ist
bei vielen Menschen stark im Schwinden.
Man müsste doch für dies und das
verständlichere Worte finden.
Die „Generalabsolution"
ist etwas, was man nicht versteht,
weshalb dann auch die Fantasie
in völlig falsche Richtung geht …

Generalabsolution in der k. u. k. Armee

# Einzug der Würdenträger

# Wandel im Priesterkleid im Laufe eines Bischofslebens (1927–1992)

## Klerikaler Beitrag zur Geschichte der Uniformen

1 Kardinal in Cappa Magna (1930)
2 Domherr in Spitzenrobe (1930)
3 Landpfarrer, Modell Reimmichl (1930)
4 Primiziant um 1930
5 Kaplan um 1940 (Adjustierung je nach Einsatzgebiet)
6 Mönch im Habit
7 Derselbe im leichten Urlaubskostüm
8 Pensionist im Hauskleid
9 Geistlicher Rat im Festtalar
10 Bettelmönch (1930) bei Missionssammlung
11 Bettelmönch (1992), bei Dritte-Welt-Konzert
12 Stadtseelsorger, aufgeschlossen, aber gemäßigt
13 Kaplan, fortschrittlich, im großen Dienstanzug (bei Bischofsbesuch), aber kirchentreu (siehe Kreuz)

# Bischofsleben

Pensionierungsstampiglie – einem Bischof, der die Altersgrenze erreicht hat, wird in Rom die Verlängerungsstampiglie aufgedruckt

Bischof in
Ausgehuniform

Der Bischof als
Dampfkochtopf

# Pfarrgemeinderat

Welches ist das richtige Pfarrgemeinderatsmodell?

Zweites Kapitel
# EINE ZEIT ZUM KLAGEN

*Der neue Papst Franziskus ist wenige Wochen nach Reinhold Stechers „sanfter Landung" gewählt worden und – bezeichnenderweise – auf den Tag genau neun Jahre nach dem Tode des großen Wiener Kardinals Franz König. Aus den Worten und Taten des neuen Papstes erfährt Reinhold Stechers „Kirchenklage", für die er manche Schelte hinnehmen musste, eine erfreuliche Bestätigung.*

# Winterlicher Vatikan

*Karl Rahner hat in seiner großen Kirchentrauer seinerzeit das Buch „Glaube in winterlicher Zeit" (Patmos-Verlag 1986) geschrieben. Um die gleiche Zeit hatte Reinhold auch in Rom einen sogenannten Ad-limina-Besuch zu absolvieren und schickte uns unter dem Eindruck der damaligen Atmosphäre die nachstehende Karte, auf welcher der winterliche Petersplatz zu sehen ist. Auf die Rückseite schrieb er ein mit „Römische Elegie" betiteltes Gedicht.*

## Römische Elegie

Das Leichentuch liegt auf den Kolonnaden,
und um die Kuppel webt ein kalter Hauch.
Die Brunnen sind erfroren.
Die geraden Säulen stehen wie erstarrt.
Ich fühle auch den harten Winterwind im Tal des Tiber
und denk mit aufgespanntem Schirm:
Es geht vorüber ...

Reinhold

*Und tatsächlich hat nach dem kürzlich stattgefundenen Ad-limina-Besuch der feinfühlige Innsbrucker Bischof Manfred Scheuer darauf hingewiesen, in Rom habe ein positiver Klimawechsel stattgefunden und man könne wieder frei atmen. Im gleichen Sinne hat sich auch der Wiener Erzbischof Kardinal Schönborn geäußert. Diese Meldungen geben Hoffnung und bestätigen im Nachhinein Reinholds „Römische Elegie" und überhaupt seine „Kirchenklage".*

# Kirchenklage

Warum kreisen Krähen um die Türme,
um die Türme, deren Glocken schweigen,
warum dringt kein Licht mehr durch die Scheiben
hoher Fenster in die Winterstürme?

Warum schreckt die Sprache, die bedrückte,
jene Sprache, die so tröstlich klang
und die leise von Verzeihung sang,
als der Hirt sich zu Verirrten bückte?

Warum zelebriert man laute Feste,
Massenlärmjubelfestivale –
wo doch einstens abends in dem Saale
das Geheimnis sich vollzog in schlichter Geste?

Warum lassen sie dich, Herr, verschwinden
hinter Purpurdiplomatenroben,
die, aus Macht und Eitelkeit gewoben,
nicht den blutgetränkten Rock verkünden?

Warum zimmern sie an allen Wegen
deines Heils, die Zukunftsstraßen wären,
nichts als Zäune, Schranken und Barrieren,
die den frohbeschwingten Schritt verlegen?

Warum dürfen sie uns Trauer bringen,
diese Krähen, die um Türme krächzen –
wo wir doch nach deiner Taube lechzen,
nach der Taube mit den Silberschwingen?

# Rom hat das Image der Barmherzigkeit verloren

## Gedanken zum neuesten Dekret über die Mitarbeit der Laien

*Wenige Wochen vor seinem Übertritt in den Ruhestand hat Reinhold Stecher im Herbst 1997 einen vertraulichen Brief an Persönlichkeiten seines Vertrauens in Österreich und Deutschland geschickt – darunter einige, aber nicht alle österreichischen Bischöfe. In diesem setzte er sich kritisch mit der zuvor von Rom veröffentlichten „Instruktion zu einigen Fragen über die Mitarbeit der Laien am Dienst der Priester" auseinander und fand scharfe Worte über den Umgang Roms mit Priestern, die geheiratet haben. Der Brief wurde von einem der Empfänger den Medien zugespielt und löste ein Erdbeben aus …*

Da ich mir einmal vorgenommen habe, kirchenkritisch notwendige Dinge nicht als „mutiger Pensionist", sondern im Amt zu sagen, komme ich nicht daran vorbei, zu diesem Dekret einige Gedanken zu äußern, bevor ich den Stab weitergebe. Nicht so sehr zu den Details. … Es gibt nun einmal den mit der Vollmacht zur Eucharistie ausgestatteten Priester und diese Vollmacht kann sich niemand nehmen oder von unten her bestätigen lassen. … Kritisch könnte man zu den Details nur sagen, man sollte auch im Unterschied von Priester und Laien nicht alles in einen Topf werfen. Es ist ein Unterschied, ob man z. B. die eucharistische Vollmacht verteidigt oder die Vollmacht im Gottesdienst zu predigen. Wenn es – wie heute häufig – zwar noch gelingt, von irgendwoher einen alten

Priester für die Eucharistie „einzufliegen", dann ist schwer einzusehen, dass man einem theologisch voll ausgebildeten und menschlich-spirituell geeigneten Gemeindemitglied verbieten muss, in der Eucharistiefeier eine Predigt zu halten. Ich bin durchaus dafür, dass zur Verkündigung jemand kirchlich bevollmächtigt sein muss. Aber die Verkündigung in der Eucharistiefeier zu streichen, weil man für eine Ansprache unbedingt geweiht sein muss, ist eine andere Sache. Niemand in den Gemeinden versteht ein derartiges Verbot, wenn die Alternative das Nichts ist.

Und hiermit stehe ich bei meinem eigentlichen Bedenken gegen dieses wiederum nur restringierende Dekret, das den Laien, den Kommunionhelfer usw. höchstens als widerwillig zugelassenen Notnagel für ein paar Funktionen sieht, wenn's halt gar nicht anders geht. Mein Bedenken liegt in dem „Nicht-zur-Kenntnis-Nehmen" der pastoralen Situation bei uns und in vielen, ja den meisten anderen Ländern der Erde – und in dem „Nicht-zur-Kenntnis-Nehmen" der theologischen Bedeutung der Eucharistie für die christliche Gemeinde und die Kirche.

Um das Dilemma dieses Dekrets etwas plastischer darzulegen: Im Land Tirol erhob sich vor einiger Zeit das Problem, dass bei der Betreuung der vielen Zuckerkranken in den Wohnungen und Altersheimen nur Diplomschwestern berechtigt waren, die entsprechenden rettenden Spritzen zu verabreichen. Von diesen ausgebildeten Diplomschwestern gibt es natürlich viel zu wenig. Die Standesgruppe der Diplomschwestern hat natürlich aus verschiedenen Gründen dieses Standesrecht verteidigt, aber mit dem Blick auf die Volksgesundheit wurde dann doch entschieden, dass entsprechend ausgebildete Altershelfer/innen und Betreuer/innen diese Spritzen geben dürfen. – Die Kinder der Welt sind wahrhaftig

Ängste in der Kirche

klüger als die Kinder des Lichts. Bei uns geht es auch um das Heil, allerdings um das Heil mit einer Dimension in die Ewigkeit. Und bei uns ist es auch so, dass Diplomhelfer (Priester) viel zu wenige sind und angesichts unserer klerikalen Alterspyramiden immer weniger werden. Und es ist weiterhin klar, dass bei der Forderung eines glaubhaft gelebten Zölibates diese Zahl immer klein sein wird. Für den redlich gelebten Zölibat ist nun einmal verlangt, dass der Betreffende den sexuellen und partnerschaftlichen Verzicht in einer gesunden, nicht verdrängenden Weise umformt in spirituelle, pastorale, soziale, geistige, dienende und kreative Entfaltung. Das ist und bleibt aber die Sache derer, „die es fassen können". Und selbst in den Worten Jesu liegt keine Spur einer Andeutung, dass diese elitäre Zahl den pastoralen und theologischen Notwendigkeiten einer lebendigen Kirche entsprechen muss. In unserer Zeit und ihrem Klima ist es noch einmal schwieriger, dem zu entsprechen, wie z. B. in den Zeiten der Verfolgung durch den Nazismus, in die meine Berufung gefallen ist.

Das genannte Dekret über die Laien begnügt sich also mit der Verteidigung der „Diplomschwestern und Diplompfleger",

Himmlische Nostalgie zum Kirchenkonflikt:
„Petrus, kannst du dich noch erinnern, damals in Antiochien …?"
(vlg. Gal 2,11)

will sagen der klerikalen Vollmachten, Würden und Standesrechte. Die Volksgesundheit, d. h. das Heil der Gemeinden, bleibt völlig aus dem Spiel. Für diese Gemeinden hat man eigentlich stillschweigend schon längst einen Heilsweg ohne Sakramente entworfen – was wiederum jeden auch nur in einer seriösen scholastischen Theologie Gebildeten den Kopf schütteln lässt. Die Heilsnotwendigkeit der Sakramente der Eucharistie und Buße bzw. der Krankensalbung wurde dort sehr eindrucksvoll definiert.

Aber hier stoßen wir wiederum auf das Dilemma, wenn man die Bedingungen für das eucharistische Amt in keiner Weise vom Heil der Gemeinden her definiert, sondern nur von individuellen Zulassungsbedingungen, die zum Teil eben rein menschlichen Rechtes sind, aber eben ohne jeden Blick auf den allgemeinen Heilswillen Gottes und die wesentlich eucharistische Struktur der Gemeinde durchgezogen werden. Dem Festhalten an diesem Amtsbegriff, der ebenso *nicht* aus der Offenbarung erwiesen werden kann, wird alles geopfert. Vor einiger Zeit hat mir ein wegen seiner konservativen Gesinnung bekannter Bischof lächelnd gesagt: „Ach, bei uns hat jeder Priester drei Pfarreien – das geht ganz ausgezeichnet …" Der betreffende hohe Würdenträger hat allerdings in seinem Leben nicht einmal eine Pfarre geleitet, geschweige denn mehrere. Wenn er es getan hätte, wäre er mit einer derart kühnen Analyse wahrscheinlich etwas vorsichtiger. Ich habe in Frankreich Priester, müde und resignierende Priester kennengelernt, die sieben bis zehn Pfarreien herumrasend „betreuen". Auch wenn solche Priester hervorragend theologisch gebildet sind, haben sie keine Chance, je in höheren Etagen mitreden zu können. Der Stand der kleinen Frontpfarrer wird von der bischöflichen Würde ebenso ferngehalten wie von jeder Mitsprache in diesem Bereich. So werden die Erfahrungen und Frustrationen nur von wenigen Bischöfen wahrgenommen und nach oben getragen. Nach unten begnügt man sich bestenfalls mit verständnisvollen Seufzern und einer bewegten Klage über fehlende christliche Familien, die eben zölibatäre Berufe in genügender Anzahl zu fabrizieren hätten. Und weiter oben begnügt man sich mit der Zementierung vorhandener Ordnungen wie im vorliegenden Dekret. Die Not dahinter ist kein Thema.

Ich sage diese Dinge nicht, weil ich gegen den Zölibat bin oder weil ich mir etwa einbilde, mit dem Stand der „viri probati" gäbe es keine Schwierigkeiten. Die gibt es überall, wo Menschen sind. Es ist überhaupt eine unbewusste oder bewusste Fälschung, die hier vorgebrachte Frage als einen Disput über die Ehelosigkeit um des Himmelreiches willen darzustellen. Die steht nicht in Frage. Das Bestürzende liegt darin, dass die derzeitige Kirchenleitung einfach ein theologisches und pastorales Defizit aufweist, so peinlich das zu sagen ist. Das Amt in der Kirche ist von seinem biblischen Verständnis her ein dem Heile *dienendes* Amt und kein sakraler Selbstzweck, dem es völlig gleichgültig sein kann, ob Millionen und Abermillionen von Christen überhaupt je die Möglichkeit haben, heilsstiftende Sakramente zu empfangen und die Mitte ihrer Gemeinschaft, die biblisch und dogmatisch die Eucharistie ist, in einer menschlich erlebbaren Weise zu pflegen. Es heißt eben immer noch: „Propter nos homines et propter nostram salutem descendit de coelis" [für uns Menschen und für unser Heil kam er vom Himmel herab] und nicht „propter nostram auctoritatem et propter stricte conservandas structuras ecclesiasticas descendit de coelis ..." [für unsere Autorität und für strikt zu bewahrende kirchliche Strukturen].

Die Tendenz, menschliche Ordnungen und Traditionen höher zu werten als den göttlichen Auftrag, ist das eigentlich

Erschütternde an manchen Entscheidungen unserer Kirche am Ende dieses Jahrtausends. Es scheint z. B. niemanden in den höchsten Gremien zu beunruhigen, wenn buchstäblich Hunderte von Millionen Katholiken gar nicht mehr zu den moralisch heilsnotwendigen Sakramenten der Vergebung kommen können (und weil sie nicht kommen *können*, nach einer Generation auch gar nicht mehr kommen *wollen*). Die Krankensalbung hätte heute eine Chance – übrigens auch in der Umwelt einer stärker ganzheitlich-menschlichen Medizin. Aber der sich im Sakrament zu den Kranken neigende Christus kann auf Grund der zölibatär-restriktiven Vollmachterteilung eben zu Millionen gar nicht kommen. Dass die großzügig verfügte regionale Pfarr-Zusammenlege-Praxis eine liebevoll begleitende sakramentale Krankenpastoral unmöglich macht, stört die kirchliche Zentralgewalt in keiner Weise. Und dabei ginge es wirklich um das Heil, das ewige Heil.

Am bedenklichsten ist für mich nach wie vor in dieser Frage die Missachtung göttlicher Weisungen im Umgang mit Priestern, die geheiratet haben. Aus eigener Anschauung weiß ich, dass Gesuche, die der Bischof mit dringenden, pastoral und menschlich begründeten Bitten einreicht, zehn Jahre und mehr gar nicht angeschaut werden. Auch das neueste Dekret ändert diese Praxis nur marginal. Es handelt sich – wohlgemerkt – nur um Bitten der Versöhnung mit Gott und der Kirche, um die Möglichkeit, eine christliche Ehe zu führen, und manchmal auch um die Möglichkeit, nichtpriesterliche Dienste auszuüben. Auch hier gibt es nur das unbarmherzige Nein. Und nun wiederum: Was hat der Herr gesagt? Hat er nicht die Pflicht zur Verzeihung und zur Versöhnung durch alle Lehren und Gleichnisse, Taten und bis zu den Gebeten am Kreuz zur höchsten ethischen Pflicht gemacht? Hat er nicht dieses Gesetz des Verzeihenmüssens mit der härtesten

Sanktion belegt? Hat er nicht gesagt: „Wer nicht verzeiht, dem wird nicht verziehen"? Hat er nicht dem Petrus persönlich eingeschärft, dass er nicht siebenmal, sondern siebenmal siebzigmal am Tage verzeihen sollte? Diese Stelle scheint in römischen Dekreten nie auf, nur Matthäus 16,18. Alle die, die da so ihre Liebe zum Papst betonen und sich als die Papsttreuen belobigen lassen – müssten sie angesichts der Worte des Weltenrichters nicht erschrecken, wenn ein Papst mit Tausenden von abgelegten Gesuchen und Bitten um Versöhnung stirbt? Was tun wir an einem Sterbebett, wenn wir wissen, dass der Betreffende Versöhnung verweigert? Versuchen wir nicht, ihn zur Milde zu bringen, weil es auch um *sein* ewiges Heil geht? Und was hielten wir von einem Priester, der zu einem Beichtenden sagen würde: „Bei deiner Art von Sünde – komm in zehn Jahren wieder, vielleicht bin ich dann geneigt, dir die Versöhnung zu gewähren"? Ist nicht theologisch evident, dass die Verweigerung von Verzeihung und Versöhnung die viel größere Sünde ist, als die Verletzung des Zölibats? Die zweite betrifft ein *menschliches* Gebot und ist eine Sünde der Schwachheit, die erste ein *göttliches* und ist eine Sünde der Härte. Oder glaubt man vielleicht, juridische Handhabungen in der Kirche unterstünden nicht den Geboten Jesu? Nimmt man etwa an, dass in der Ordnung des Weltenrichters Schreibtischtäter besser fahren als Detailsünder?

Auch hier zeigt sich diese immer wieder auftauchende Tendenz, die Weisung Jesu kirchlichen Verwaltungspraktiken und menschlicher Autoritätsausübung unterzuordnen.

In diesen Vorgangsweisen liegt auch die eigentliche Einbuße der päpstlichen Autorität. Denn diese für die Kirche so notwendige Autorität leitet ihr Gewicht *nur* von der Übereinstimmung mit Christus her, wie es ja auch im innersten Wesen der Unfehlbarkeit zum Ausdruck kommt. Aber die Geschichte

Die Kirche wird ihre Rolle als „Wächterin des Glaubens" nicht in der Art eines nervösen Wachpostens spielen, der auf jedes sich ungewohnt bewegende Blatt im Gebüsch eines vielfältig sprießenden Glaubenslebens mit der Maschinenpistole der Häretisierung und Ausgrenzung schießt.

lehrt, dass auch die Praxis des höchsten Amtes von der Sache Jesu abirren kann. Diese heute gängigen Praktiken gegenüber Einzelsündern widersprechen dem Geiste Jesu genauso wie einst die Bannstrahlen und Interdikte gegen ganze Länder und Städte. Und ich weiß, dass viele Priester und Laien, die ihr Christsein ernst nehmen, unter diesen Widersprüchen leiden und sich nach einem Papst sehnen, der in dieser Zeit vor allem die Güte verkörpert. So wie das derzeit ist, hat Rom das Image der Barmherzigkeit verloren und sich das der repräsentativen und harten Herrschaft zugelegt. Mit diesem Image wird die Kirche im 3. Jahrtausend keinen Stich machen – da ändern pompöse Millenniumsfeiern mit vielen schönen Worten gar nichts. Es geht um Akzentverschiebungen in einigen entscheidenden Punkten der pastoralen Praxis, sowohl was den Umgang mit dem allgemeinen Heilsauftrag Jesu als auch den Umgang mit dem Sünder betrifft.

Und es darf um der Kirche willen nicht so sein, dass man von höchster Stelle wohl um jeden Splitter an der Basis bemüht und besorgt ist, aber den Balken im eigenen Auge nicht sieht.

Auch wenn ich diese in die pharisäische Auseinandersetzung der Schrift hineinreichenden Defizite unserer heutigen Kirche beim Namen nenne, nehme ich von meiner Hoffnung auf das Walten des Geistes und die Zukunft der Sache Jesu nichts zurück. Aber die Sensibilisierung für die wahren Intentionen muss in unserer Kirche deutlicher werden. Das Abirren von solchen Grundsätzen hatte in der Vergangenheit schwerwiegende Folgen.

Dr. Reinhold Stecher, Diözesanbischof von Innsbruck<br>am 33. Sonntag nach Pfingsten,<br>dem Sonntag des Weltgerichts

# Machtspiele in der Kirche

*Während der Amtszeit von Reinhold Stecher als Bischof von Innsbruck gab es in Österreich heftige Auseinandersetzungen und Diskussionen um etliche Bischofsernennungen – wie sich im Nachhinein herausstellte, mehr als zu Recht. Als Bischof musste Reinhold Stecher oft und oft dazu Stellung nehmen – persönlich arbeitete er das Thema zeichnerisch ab.*

Nuntius sucht für Wien einen Kardinalskandidaten

Fabrica apostolica
machina productionis pro novis episcopis diligenter formatis
in spiritualitate uniformi

Die apostolische Fabrik
Produktionsmaschine für neue Bischöfe, die gewissenhaft
in gleichförmiger Spiritualität ausgebildet werden.

Nuntius, Bischöfe ausbrütend

*Eine Zeitungsmeldung, wonach sich Papst Johannes Paul II. öffentlich beklagte, dass vor Kardinalsernennungen die Interventionen und Vorsprachen ins Unerträgliche stiegen, inspirierte Reinhold Stecher zu dieser Zeichnung:*

Zur „Tour de Rome", der Schlussetappe,
erlaubt sich keiner eine Schlappe.
Die Siegeschancen sind sehr schmal –
der Erste nur wird Kardinal.

# Eine sportliche Betrachtung der kirchlichen Personalpolitik

Die Form, den Bischof zu ernennen,
gleicht häufig einem Slalomrennen.
Die Kandidaten treten an –
die Tore steckt der Vatikan.
Im Starthaus stehn – so ist das heute –
normalerweise Ordensleute,
auch Diplomaten und Beamte
aus irgendeinem römischen Amte
sowie bewährte Professoren,
vielfach geprüft und auserkoren.

Die Pfarrer stehn am Rande bloß.
Ihr Trainingsrückstand ist zu groß.
Sie kennen nur – und das in Menge –
die pastoralen Tiefschneehänge.
Weshalb sie erst trainieren müssten
für glattere Karrierepisten.

# Kirche und Sexualität

*Dazu nur zwei kleine Zitate aus Vorträgen von Reinhold Stecher – und drei Zeichnungen, deren Botschaft an Klarheit nichts vermissen lässt.*

Es gibt natürlich verständlichen Widerstand gegen eine Sexualmoral, in der man mit schweren Sünden nur so um sich warf und wirft, ohne dafür Grundlagen in der Heiligen Schrift präsentieren zu können.

Es ist bedenklich, wenn tausend Jahre lang alle Fragen von Sexualität, Ehe, Partnerschaft nur von unverheirateten Männern reflektiert und gelehrt werden. Da ist die Einseitigkeit vorprogrammiert. Ich kann auch kein Buch übers Klettern schreiben, wenn ich nie in der Wand war.

Vatikanische Pillendreher

Die Pillenbrigade

Der Vatikan stolpert über die Pillenfrage

# Die Kirche und die Frauen

Die Kirche und die Ordensfrauen

Inspektion im Frauenkloster

Die Kirche und die „Laienfrauen"

Die Kirche und die Ministrantinnen

Ministrantinnen: Die theologische Herausforderung
zur Jahrtausendwende – „Es ist eben ein Unterschied,
ob die Wirklichkeit der Auferstehung Christi in Frage
steht oder die Zulassung von Ministrantinnen."

## Drittes Kapitel
# EINE ZEIT ZUM NACHDENKEN

*Reinhold hat viel „nachgedacht". Die verschiedensten Anlässe hat er wahrgenommen: Kriegserlebnisse, geschichtsträchtige Persönlichkeiten, gesellschaftliche Vorgänge, Weihnachten im Gefangenenhaus, die Bedeutung der Hand, ein Wunder in der Polarnacht, ja selbst das Treiben in der Vergnügungsmetropole Monaco.*

*Nachdenklich sein ist die Eigenschaft eines sensiblen Menschen, den nicht alles kaltlässt. Nachdenklich sein allein ist aber zu wenig. Reinhold hat immer auch Konsequenzen eingefordert.*

# Rauchsignale der Heiligen Schrift
## Ansprache vor der Rauchfangkehrerinnung Österreichs

Liebe Freunde der Rauchfangkehrerinnung!

Sie haben mich zu diesem Ihrem Fest eingeladen und, wenn ich nun vor Ihnen stehe, ist natürlich der erste Gedanke: Was verbindet mich mit Ihrer Berufsgruppe?

Das Erste, was sich mir aufdrängt, ist ein Dank. Seit meiner Kindheit haben sich viele Ihres Metiers für mich rußig gemacht. Dass wir beide eine schwarze Berufskleidung haben, ist nicht besonders symbolträchtig. Schon eher ist es die Tatsache, dass wir beide – die Priester und die Rauchfangkehrer – zwischen Himmel und Erde arbeiten, und so wie Sie den Ruß aus den Kaminen holen, so müssen wir hie und da den Ruß aus den Seelen holen, der sich so ansammelt. Etwas Gemeinsames hat auch die Verantwortung und die Wachsamkeit für das Feuer. Brände in schadhaften Kaminen verhindern und Brände zwischen angeschlagenen Menschen – das liegt auf derselben Linie. Und außerdem erfordert Ihr Geschäft eine gewisse Schwindelfreiheit – und diese Forderung müsste auch für den Charakter eines Seelsorgers erhoben werden. Er muss auch redlich sein und klaren Kopf bewahren. Religiöser Schwindel wird bald einmal durchschaut.

Aber wegen dieser Gemeinsamkeiten kommen wir nicht zusammen. Was Sie in einem Gottesdienst suchen, ist Gott, ist der erlösende Gott, der in Jesus Christus zu uns gekommen ist. Ein Gottesdienst ist nicht eine konventionell-traditionell-

Wintersonne

fromme Formalität. Wir suchen Gott, und das möchte ich zu allen sagen, die hier sind und sich im Glauben eher schwertun oder der Kirche vielleicht distanziert gegenüberstehen: Gott suchen ist eine große Sache. Und für diese Gottsuche möchte ich auf ein Bild in der Heiligen Schrift zurückgreifen, das sich kaum je in Predigten verirrt, aber Ihnen nahesteht: Ich meine den *Rauch*.

Erstens als Bild für den Menschen, der Gott nicht sucht, der kein religiöses Fundament hat, der sich nur in materielle Werte verliert. Von diesem Menschen sagt der Prophet Hosea (13,3):

> „Er ist wie ein Morgengewölk, wie der Tau, der bald vergeht, wie die Spreu, die aus der Tenne stiebt. *Und wie ein Rauch, der aus der Luke zieht …*"

Im Alten Orient gab's ja keine Kamine, wohl aber Rauchluken. Das Bild vom Rauch, der im Nu verweht und aufgelöst wird, sollte uns nachdenklich machen. Beherrschen uns nicht sehr oft nichtige Dinge, „Schall und Rauch", wie man auch sagt, sind wir nicht auch oft „vom Winde verweht"? Das ist das erste Bild des Rauches.

Aber es gibt in der Schrift noch eine ganz andere Symbolik: Rauch als Vorhang vor der Herrlichkeit Gottes. So heißt es bei Jesaia (6,4):

> „Beim Ruf der Cherubim: Heilig, heilig, heilig, (wir beten diesen Ruf ja in wenigen Minuten bei der Messe) *füllte sich der Tempel mit Rauch.*"

Niemand kann Gott schauen. Darum ist der Rauchvorhang ein Symbol für die geheimnisvolle Gegenwart Gottes. Der Rauch als Signal unfassbarer Herrlichkeit, als einer großen

Ehrfurcht, als das Zeichen derer, die nicht sehen und doch glauben. In der Geheimen Offenbarung heißt es (15,8):

*„Da füllte sich der Tempel mit Rauch von der Herrlichkeit Gottes."*

Auch in dieser zweiten Symbolik spricht uns das Bild des Rauches an. Wir oberflächlichen Menschen brauchen eine tiefe Ergriffenheit von Gott, und zwar eine gläubige Ergriffenheit, die nicht sieht und doch glaubt.

Und noch eine dritte Zeichenhaftigkeit des Rauches kennt die Schrift. Er ist das Symbol der Verehrung und des Gebets:

*„Wie Weihrauch steige empor zu Dir mein Gebet ..."*
(Ps 141/2)

Im Tempel von Jerusalem gab es einen eigenen Altar, vor dem der Weihrauch als Zeichen der Verehrung emporstieg. Und das ist auch der Sinn des Weihrauchs in unserer Liturgie. Die helle Wolke, die zum Himmel hinauf kräuselt, wie an einem windstillen kalten Wintertag von den Kaminen. In der Geheimen Offenbarung tragen die, die Gott verehren, eine Harfe und eine goldene Schale mit Räucherwerk.

Liebe Freunde! Wenn wir diese drei Rauchsignale ernst nehmen, dann ist dieser Gottesdienst sinnvoll:
- Das Rauchsignal der eigenen Oberflächlichkeit, die im Winde verweht.
- Das Rauchsignal der verhüllten Herrlichkeit Gottes und der Menschen, die nicht sehen und doch glauben.
- Und das Rauchsignal des Gebetes, das emporsteigt und Erhörung findet.

# Die Medaillen in der Spielkiste

Unsere Spielkiste, die in einem Zimmerwinkel stand und aus der wir uns als Kinder bedienten, war ein buntes Sammelsurium aller möglichen Dinge, von Bauklötzen über Matadorbestandteile, gesammelte Rosskastanien bis zu einigen textilen Versatzstücken, die aus dem allgemeinen Gebrauch ausgeschieden waren und uns als Theaterrequisiten für die selbsterfundenen dramatischen Darstellungen dienten. Diese Spielkiste hatte nichts vom Glanz moderner Spielzeugfachgeschäfte mit ihrer atemberaubenden Fülle schöner und perfekter Dinge, Kleineisenbahnen, Flugzeugmodellen und technischen Wunderwerken, aber die große Kiste mit ihrem für Erwachsene völlig wertlosen Allerlei war doch so etwas wie ein geheimer Fundort vieler Träume und Fantasien, die keine großen materiellen Grundlagen brauchten. Die Spielkiste war vielleicht pädagogisch erfolgreicher als so manches überladene Kinderzimmer.

Die Spielkiste barg auch etwas Ungewöhnliches: In ihr lagen – mit Einverständnis meines Vaters, der im Ersten Weltkrieg Kaiserjäger war – diverse Medaillen und Ehrenzeichen. Er hielt nichts davon. Er hielt überhaupt nichts vom Krieg. So hat es uns die Mutter nach seinem frühen Tod immer wieder erzählt. Und so gerieten also die bunten Bänder und metallenen Schmuckstücke in unsere Spielkiste, statt eine Heldenbrust zu zieren, was ja ihre eigentliche Bestimmung gewesen wäre.

Und so geschah es, dass mein kleiner vierjähriger Bruder Gottfried eines Tages im Kindergarten vor der erstaunten Schwester erschien – und auf seiner blauen Kinderschürze das Kaiser-Karl-Truppenkreuz und ein Signum Laudis trug. Das war damals doch für viele ein despektierlicher Umgang mit

Die Medaillen im Hause Stecher

den Zeichen heroischer Vergangenheit – und wahrscheinlich hat man meinen Vater für patriotisch angeschlagen gehalten.

Es gab in meiner Familie so etwas wie einen Anti-Kriegsvirus. Diese vermutlich bei meiner Generation schon in den Genen niedergeschlagene Prägung hatte eine lange Geschichte. Sie beginnt damit, dass mein Urgroßvater, der aus Klausen in Südtirol stammte, im Jahre 1809 auf der Flucht vor den Franzosen im hochgelegenen Bergdorf Latzfons in einem Stall auf die Welt kam. Es hat uns zwar immer mit einem gewissen Stolz erfüllt, dass unser Urahne mit seiner Geburt im Stall sozusagen in die Nähe des heiligen Geschehens von Bethlehem rückte – aber es steht natürlich außer Zweifel, dass meine Ururgroßmutter das Heldenjahr Tirols ein wenig anders erlebt hat, als es in patriotischen Gedenkfeiern beschworen wird. Die Flucht einer hochschwangeren Frau von Klausen nach Latzfons war sicher kein Unternehmen mit patriotischen Hochgefühlen. Wer's nicht glaubt, der soll einmal den steilen Fußweg von Klausen nach Latzfons gehen. Ich bin ihn als normaler Wanderer gegangen – und mir hat er gereicht. Die Erinnerung hat sich in die Familiengeschichte eingegraben.

Heinrich und Rosa Stecher bei der Hochzeit

Mein Großvater blieb zwar vom Krieg verschont – er hat nur im Jahre 1866 einem durch Klausen durchziehenden österreichischen Soldaten das Gewehr mit großem Stolz als Zehnjähriger bis zum „Kalten Keller" (einem Wirtshaus an der Brennerstraße) tragen dürfen. Aber bei den Soldaten, die damals nach Italien zogen, war auch ein älterer Bruder, den er sehr liebte, und der bei einem Scharfschießen in einer oberitalienischen Garnison unglücklicherweise ums Leben kam.

Mein Großvater hat von Siegesfeiern und Hurrageschichten nie etwas gehalten. Er hat uns andere Geschichten erzählt.

Mein Vater war Mittelschullehrer für Deutsch, Geschichte und Geografie. Als er im Jahre 1914 als Reserveoffizier zum 2. Regiment der Tiroler Kaiserjäger eingezogen wurde, sagte er zu meiner Mutter, mit der er verlobt war: „Dieser Krieg ist ein Wahnsinn – und das Ende dieses Krieges wird die Auflösung der österreichisch-ungarischen Monarchie sein …" Das war im Jahre 1914 auch nicht patriotisch, aber er hat Recht behalten.

Was ich in den Jahren des Zweiten Weltkriegs erlebte, hat die vererbte Abneigung gegenüber dem Krieg nicht gemindert. Unter vielem anderen auch deshalb nicht, weil mein kleiner Bruder Gottfried, der einst im Kindergarten mit den Medaillen erschien, in den letzten Tagen des Krieges im ehemaligen österreichischen Schlesien gefallen ist.

Gottfried Stecher

Es hat sicher Menschen und Familien gegeben, denen der Krieg noch viel ärger zugesetzt hat. Ich möchte nur verständlich machen, warum ich in Erinnerungen manchmal auf die schrecklichen Jahre zu sprechen komme. Sie konnten mir weder den Glauben noch die Freude am Leben stehlen, noch belasten sie meine Träume. Aber ich möchte anderen nahebringen, was für ein unendliches Glück der Friede ist.

Und ich bilde mir ein, etwas Gefühl dafür zu haben, wo das eigentlich Kriegerische beginnt. Keineswegs in einem Staat, der hie und da gegenüber dem Verbrechen gesetzlich gebremste Gewalt ausüben muss, wenn er ein Rechtsstaat bleiben will. Und auch nicht durch ein Bundesheer wie das derzeitige österreichische, das weitab von allen aggressiven Zielen und allen Eroberungs- und Herrschaftsträumen nur einer Friedenssicherung dient.

Aber ich weiß, wohin nationalistische Vorurteile, Fremdenhass, Gewaltverherrlichung und posthume Heroisierung von historischen Kriegsverantwortlichen führen können.

Und deshalb teile ich die Gefühle meiner Ururgroßmutter auf ihrer Flucht in die Berge, den Schrecken meiner Urgroßeltern, als ihr Sohn auf einem Schießplatz umkam, die patriotische Zurückhaltung meines Großvaters und die nüchterne Feststellung meines Vaters, des Kaiserjägeroffiziers, der 1914 keinen Sinn im Krieg sah, den alle bejubelten.

Ich folge mit dieser Warnung vor dem Krieg nur einem Wort der Heiligen Schrift:

„Denk an die Träume der Vorzeit,
lerne aus den Jahren der Geschichte
von Geschlecht zu Geschlecht.
Frag deinen Vater, er wird's dir melden,
die Alten bei dir – sie werden's dir sagen!" (Deut 32,7)

Preußens Gloria

# Abend in Monaco

Selbst die Abendsonne
weigert sich,
über diesen Horror von Etagen,
Türmen, Suiten, Schluchten und Garagen
sanftes Licht zu gießen.
Wenn du einfach Stock- auf Stockwerk stülpst,
hat die Baukunst leider nur gerülpst,
aber nie ein
Menschenhaus gebaut.
Die Appartements und die teuren Suiten
werden nur die Superreichen mieten,
die hier
unter sich sind.
Spieler, Spekulanten, fremde Prinzen,
in den Häusern, die an Stapel Münzen
und an Chips erinnern,
im Casino.

Und die Kellner
im Hotelschiff
müssen auch im Restaurant noch warten
mit den goldgedruckten Speisekarten
in den feinen
Ziegenledermappen.
Drinnen stehn nicht Speisen, nicht Gerichte,
sondern Spitzenhaubenkochkunstfestgedichte.
Doch es nützt nichts.
Müde Augen gleiten

Der Alptraum Monaco

über à la carte und das Menü.
Für die Gäste ist das alles Déjà vu.
Hunger hat man nicht
in diesen Kreisen.
So im Überfliegen sucht man schon
nach der neu kreierten Küchensensation –
nur als Thema
für den Smalltalk,
später.

Auch die weißen Jachten,
tief im Schatten,
raunen von der letzten Fahrt der Reichen,
den Erlebnissen, den immer gleichen,
blauem Meer und Gläserklirren
in Kajüten.
Nach dem fünften, sechsten Glas Martini,
kreischen junge Damen im Bikini,
als Escorte,
mit an Bord,
für die Spritztour eigens rasch erbeten
von der Modelagentur, der sehr diskreten …
Aber Jachten,
die im Hafen liegen,
sind verschwiegen.
Wenn sie abends, fahrtenmüde, rasten,
hängt dann in der Flaute, an den Masten
und an manchem schlaffen
weißen Seile
Langeweile.

# Der Mythos und die Mythen

Wir schreiben das Jahr 2009, in dem sich Tirol an Andreas Hofer und die Bergiselschlachten des Jahres 1809 erinnert. Und in diesem Gedenkjahr ist in vielen kritischen Artikeln und Stellungnahmen die „Entmythologisierung" Andreas Hofers angesagt. Ich habe nichts dagegen. Was man als Mythologisierung bezeichnet, ist das uralte, kaum auszurottende Bedürfnis des Menschen, Vergangenheit und Gestalten der Vergangenheit zu verklären, sich Vorbilder und Heroen zu schaffen, zu denen man aufblickt und sich erhoben und aufgewertet fühlt. Und bei diesem Bestreben bleibt dann sehr leicht die objektive Wahrheit auf der Strecke, aus dem Menschen mit Fleisch und Blut, Höhen und Abgründen, Stärken und Schwächen wird ein ehernes Denkmal mit heldischer Geste, vor dem der Dargestellte selbst wahrscheinlich staunend gestanden wäre, wenn er seine Errichtung erlebt hätte. Wahrscheinlich ginge es dem biederen Sandwirt so, wenn er heute einmal einen Besuch auf dem Bergisel machen könnte.

Das Phänomen ist mir auch aus dem Leben der Kirche bekannt. Mir sind auch die Heiligen lieber, von denen ich eine nüchterne Lebensgeschichte vor mir habe, ohne schmückendes Beiwerk und allzu fromme Verzierung, als Gestalten, die im Lauf der Jahrhunderte mit Legenden, erbaulichen Fantasien und pseudofrommen Übertreibungen so überschwemmt wurden, dass die historische, sicher durchaus respektable Persönlichkeit jede Bodenhaftung verliert und zur barocken Altarfigur mit schwellendem Faltenwurf und verzückter Geste avanciert.

Ich habe nichts dagegen, wenn man heute feststellt, dass Andreas Hofer nicht unbedingt ein großer Stratege war, dass er in manchen Situationen sehr leicht beeinflussbar war und Fehlentscheidungen getroffen hat, dass er – was heute bei manchen Leuten schwer wiegt – konservativ war und von den Parolen „liberté, égalité, fraternité" nicht viel gehalten hat und in kirchlichen Fragen und als Sittenwächter biedere Passeirer Maßstäbe zur Geltung brachte.

Ich muss allerdings gestehen, dass ich im 20. und 21. Jahrhundert im kirchlichen Bereich einen viel bestürzenderen Traditionalismus in manchen Kreisen erlebt habe. Und was seine Abneigung gegenüber dem fortschrittlichen Wind aus Paris betraf, so muss man bedenken, dass damals in weiten Kreisen des Volkes die Gräuel der Französischen Revolution in durchaus verständlichen Horrorvisionen präsent waren.

Aber damit schwenke ich schon vom Mythos Andreas Hofer zu anderen Mythen über, die man vielfach in kritikbewussten Kreisen nicht ganz so kritisch analysiert wie den Sandwirt aus St. Leonhard. Es besteht kein Zweifel, dass die Französische Revolution die Welt bedeutend verändert hat. Sie hat Ideen gebracht, die das politische und gesellschaftliche Gefüge der Welt gewandelt haben. Und bis zum heutigen Tage rollt am Erinnerungstag des Sturms auf die Bastille die große Parade über die Champs-Élysées, die Paradeformationen der Luftwaffe donnern über den Himmel und die Gefühle baden in Fest und Fortschritt. Aber man darf doch nicht vergessen, dass der große Fortschritt in die Geschichte der Menschheit auf Kugellagern hereingerollt ist – und die Kugellager waren einige hunderttausend abgeschlagene Menschenköpfe. Und wenn man diese heute auch (mythologisierend) als nicht zu vermeidende Hobelspäne der Weltgeschichte empfinden mag, zur Zeit Andreas Hofers war das Blut auf den Guillotinen noch nicht ganz trocken. In den Erinnerungen vieler

Tirol 1809: Andreas Hofer, Josef Speckbacher, Pater Joachim Haspinger

Tiroler war das Grauen noch präsent. Und sicher war das nicht einfach konservative Kleinkariertheit. Hunderttausende von Ermordeten erforderten viel mehr Hunderttausende an Fanatikern, Denunzianten und Mördern. Auch wenn Napoleon mit seiner Militärdespotie die Revolution beendet hatte, im Bewusstsein vieler Zeitgenossen in unserem Land war das Grauen nicht ganz ausgelöscht – ebenso wenig wie man das mit den Verbrechen des Nationalsozialismus nach 20 Jahren tun konnte. Im Jahre 1809 hatte Napoleon einen Innenminister namens Fouché. Er hatte als Kommissär der Revolution in Lyon 4000 Menschen hinrichten lassen. Als Anklage genügte meist schon der Name …

Wenn man also die Heroisierung Andreas Hofers zu Recht korrigiert, müsste man sich auch mit der Idealisierung der Französischen Revolution auseinandersetzen, die in aufgeklärten Kreisen durchaus üblich war – und manchmal heute noch ist.

Aber neben dem „Mythos Andreas Hofer" gab und gibt es auch den „Mythos Napoleon". Und im Gegensatz zum Tiroler Rebellen hat Napoleon an seinem eigenen Mythos bis zu seinen Memoiren auf St. Helena eifrig gearbeitet. Es besteht auch kein Zweifel, dass dieser Mythos ihm durch Europa vorausgeeilt ist und viele beeindruckt hat, wie das bei großen Siegern zunächst immer wieder der Fall ist. Auch ihm kann man Verdienste und staatsmännische Ziele nicht einfach absprechen, aber nüchtern betrachtet war er ein Machtmensch, der nicht viele Skrupel hatte, Hunderttausende seinen ehrgeizigen Zielen zu opfern. Ich zweifle, ob um das Grab in der Innsbrucker Hofkirche so viel mythologischer Nebel von Glorie, Ruhm und Größe weht wie um den Sarg im Invalidendom zu Paris.

Auch das Andreas-Hofer-Lied birgt einen Schuss Mythologie. Es birgt romantisch-deutschnational-poetische Töne, die Andreas Hofer sicher fremd waren. Aber was für eine mythische Verherrlichung von Gewalt und Blut klingt in der Marseillaise auf – auch wenn sich die meisten Franzosen heute wahrscheinlich nicht mehr viel dabei denken?

Sie sind immer da, auf allen Seiten, die Mythen.

Da ich nun doch ziemlich alt bin, habe ich in dieser Hinsicht einiges erlebt. Da war der Mythos „Adolf Hitler". Wie viele haben bei einer Führerrede nasse Augen bekommen! Wie viele haben sich durch ihn hineingerissen gefühlt in eine große Zeit, in ein tausendjähriges Reich, in einen Rausch von Sieg und Macht! Und er war ein Massenmörder – ohne die Kriegstoten der Mörder von sechs Millionen Menschen. Man kann sagen, dass die Menschen damals von früh bis später permanenten Propagandawelle ausgesetzt waren, der gar nicht so leicht zu widerstehen war, – aber unbegreiflich ist,

Gewalttäter beim Schachspiel

dass dieser Mythos von Führer und Heldenzeitalter und Größe der Nation sich in Broschürchen, Traktätchen und Druckwerken heute noch bis in die Parlamentssekretariate Österreichs verirrt, wo er anscheinend immer noch positives Echo auslöst! Das ist viel gefährlicher als der Mythos um das Bergiseldenkmal des Sandwirts.

Und ich habe erlebt, dass in Kindergärten der DDR den Kleinen beigebracht wurde:

„Hände falten,

Köpfchen senken,

eine Minute an Stalin denken ..."

Und auch dieser Heros, dem auch in der freien Welt viele blind ergeben waren, war ein Massenmörder. Die Zahl seiner politischen Opfer – die Kriegstoten nicht mitgerechnet – geht in die zweistellige Millionenzahl. Nachdem er den Bauernstand liquidiert hatte und die elternlosen Kinder zu Tausenden durch das Land irrten, hat er einfach die Kinder ermorden lassen. Und wie die armen russischen Soldaten aus der schrecklichen deutschen Gefangenschaft befreit wurden, hat er sie nicht nach Hause zu den Lieben fahren lassen, sondern steckte alle zur Strafe zwei Jahre in die gefürchteten Lager. Und obwohl in der freien Welt das alles bekannt wurde und sich jeder darüber objektiv informieren konnte, gab es unzählige Intellektuelle, Schriftsteller, Künstler, Lehrer mit geistigem Anspruch, die dem Mythos „Stalin" völlig hörig waren. Und man hat sich mit ihm zur sozialrevolutionären Elite der Menschheit gerechnet. Auch wenn die übertriebene Bergiselnostalgie manche Realitätsverluste gebracht hat und vielleicht bei manchen noch bringt – so ist das doch ein bescheidener lokalpatriotischer Windhauch, über den man ein wenig lächeln kann. Über den Stalinmythos kann ich das nicht.

Es ist erstaunlich, mit welcher Nonchalance manche sich als Fackelträger des Fortschritts der Menschheit Fühlende die unglaublichsten Heroen zum mythischen Vorspann gewählt haben.

Da waren doch die 68er. Inzwischen sind sie zum Großteil in der bürgerlichen Gesellschaft, die sie bekämpft haben, bestens integriert. Aber damals wählten sie Mao Tse-tung zum leuchtenden Vorbild. Ich kann mich noch erinnern, wie in einer Tiroler Stadt Verkaufsbudenreihen die Maobibel in allen Ausstattungen angeboten haben. Die Käufer waren nirgendwo in Europa die Arbeiter und Bauern, die Handwerker und die Leute im sozialen Schatten – nein, sondern wiederum Intellektuelle, Hochschulstudenten, Schüler und weitschauende Geister, die sich für die Speerspitze der Gesellschaft hielten. Mao Tse-tungs politische Opfer schätzt man auf 30 Millionen. Von den dreieinhalb Millionen Katholiken Chinas hat er eineinhalb ermordet. Ich bin selbst noch mit Menschen zusammengekommen, die seine Umerziehungslager todkrank verlassen haben. Das alles hat in der freien Welt nicht verhindert, dass „Maoismus" als leuchtender Mythos in Universitäten, studentischen Kreisen und linkssozialistischen Zirkeln aufblühte.

Andere mit diesem Anspruch verlegten sich auf den südamerikanischen Revolutionär Che Guevara. Er war jugendlich-fotogen. Sein Konterfei mit der Baskenmütze im Stil von Andy Warhol landete auf unzähligen T-Shirts. Und Südamerika i s t ein Teil der Welt, in dem rücksichtsloser Großgrundbesitz und asozialer Kapitalismus Orgien feiert. Aber Che Guevara ist trotzdem ein falscher Mythos. Er war ein Mörder. Er war im Kuba Fidel Castros Innenminister. In diesem Staat verschwanden Tausende von Oppositionellen auf Nimmerwiedersehen in den Gefängnissen. Sie wurden liquidiert. Aber in den Mythen mit sozial-kämpferischem Flair sind das in manchen Kreisen nur kleine Schönheitsfehler, über die man um der großen Sache willen hinwegsehen kann.

Aber die Mythenbildung unserer Zeit treibt auch im nichtpolitischen Bereich Blüten. Da stirbt eine Ikone der Pop- und Tanzkunst an einer Überdosis als menschliche Drogenruine. Aber statt eines pietätvollen Bedauerns entwickelt man einen Mythos, der schon an Religionsersatz streift.

Der Streifzug durch die Mythenszene unserer angeblich so aufgeklärten und kritischen Epoche macht müde. Zum Teil sind es geradezu verheerende Heroisierungen.

Wenn ich nun zu Andreas Hofer zurückkehre: Es stimmt sicher, dass man ihn posthum mythologisiert hat. Das beginnt schon im nationalpatriotischen Überschwang der Romantik des 19. Jahrhunderts und setzt sich manchmal fort bis in unsere Tage in einem martialisch-heimattreuen Pathos, das kein Heldenlied ist, sondern der Rülpser einer Wohlstandsgesellschaft. Man kann doch nicht mit dem Spingeser Schlachtlied durch das in Nord und Süd blühende Tirol des 21. Jahrhunderts marschieren.

Aber Andreas Hofer hätte in unserer heutigen Situation niemals zu den Waffen gegriffen, sondern wahrscheinlich nur das Sandwirtsgasthaus ein wenig ausgebaut, vielleicht auch für französische Gäste.

Das Image, das ihm manche verpasst haben, ist falsch. Es ist ganz gut, wenn man ihn heute zu sehen versucht, wie er war, mit seinen Stärken und Schwächen. Aber er war weder ein rücksichtsloser Welteroberer noch ein alles niederreitender Aggressor. Er war kein geborener Machtmensch noch ein eiskalter Soldatenverheizer. Er war kein seelenloser Tyrann und kein Massenmörder, er war kein betrunkener Raser noch eine Rauschgiftruine. Alle diese Typen hat die Welt zu Mythen gemacht.

Wenn ich von dem wenigen, das er geschrieben hat, den letzten Brief vor seiner Hinrichtung lese, dann ist das ein Zeugnis eines einfachen Menschen mit einer schlichten Gläubigkeit. Und sogar die, die mit seiner traditionell-frommen Einstellung nichts anfangen können, müssten zugeben, dass sie echt war.

# Der Horizont blieb hell

Wenn man neun Jahrzehnte zurückschauen darf und sich fragt, welche Bilder sich am tiefsten eingegraben haben, dann lande ich bei den großen Horizonten. Ich hatte schon als Kind den gleichen gewaltigen Berghorizont beim Spielen vor mir wie heute an der Schreibmaschine. Es waren die Silhouetten des Glungezer, des Patscherkofels, der Serles, des Habicht und der Nockspitze. Über ihnen war immer und ist bis heute ein gewaltiger großer Himmel, der seine Unendlichkeit in allen Farbtönen feiert, die man sich denken kann. Manchmal ist er verhängt, manchmal versinkt er im Dunkel einer mondlosen Nacht, aber er bricht immer wieder strahlend durch.

In den Jahren des Krieges habe ich als einziges kleines Andenken an die Heimat eine Postkarte mit dem Blick auf diesen Horizont mit Serles und Habicht mitgeführt und in jedem Unterstand an die Wand über der Pritsche geheftet. Später sind dann unzählige Horizonterlebnisse auf den Bergen hinzugekommen.

Ich glaube, dass auch für das innere Auge ein heller Horizont entscheidend ist. Wahrscheinlich bildet er ein Gutteil dessen, was man „Glück" nennt. Er ist nicht immer sichtbar, aber es genügt, dass man ihn hinter allem Gewölk, Gestöber und Dunkel des Daseins weiß. Und dass man darauf vertraut, dass er immer wieder durchbricht. Die Erhellung dieses Letzthintergrundes des Lebens hat bei aller Hochachtung vor dem Wissen mehr mit dem Glauben zu tun. Den Urgrund der Welt erreicht weder Tele- noch Mikroskop. Keine noch so faszinierende Reise der Astronomie durch Lichtjahrmilliarden landet bei ihm. Der liebende Gott kann nicht erschaut, nicht errech-

Abend vor der Serles

net, nicht experimentell erwiesen werden. Er will geglaubt werden. Dieser Glaube entlässt den Verstand nicht. Aber dieser Glaube wölbt sich über die Bergsilhouetten unserer mess- und erforschbaren Welt wie der leuchtende Himmel über die Serles, zu der ich beim Schreiben hinüberschaue.

    Und für diesen Horizont bin ich dankbar. Er war und ist das kostbarste Geschenk, das ich bekommen habe.

# Friedensgruß

Weihnachten bringt für einen Bischof eine Menge Verpflichtungen und Veranstaltungen, unter anderem auch die, im Gefängnis den Gottesdienst zu halten. Das Innsbrucker Gefangenenhaus liegt etwas außerhalb der Stadt, in einer an sich fast idyllischen Gegend am Waldrand, die als solche allerdings nur von außen wahrgenommen wird, nicht von den Insassen. Im Volksmund heißt die Strafanstalt der Justiz der „Ziegelstadel". Das Haus ist in der Nacht von allen Seiten beleuchtet wie der Dom und die Hofburg, allerdings nicht aus ästhetischen Gründen. Im Inneren birgt es viel missglücktes Leben, Tragik, Verhärtung und Verbitterung, manchmal auch Einsicht und neue Hoffnung, Schicksale, Schuld und Unschuld. Ein Gottesdienst im Gefängnis hat eine Atmosphäre, die man sonst nirgendwo antrifft. Es ist schon merkwürdig und bedrückend, wenn man zur heiligen Handlung durch Gittersperren und postenbesetzte Tore schreiten muss und statt der Glocken die Schlüsselbunde rasseln. Der Saal ist mit den freiwilligen Teilnehmern gefüllt – es wird nicht nur der Glaube sein, vielleicht auch die Abwechslung im Zellenalltag – und dann ist Weihnachten. Da schlägt bei manchen tief unten etwas an, was sonst schweigt. Man steht etwas verlegen vor den Menschen, die in die Mühle der Justiz geraten sind. Es ist ja oft schwer, mit einer Versammlung unbekannter Menschen in Kontakt zu kommen, aber im Gefängnis empfindet man die Blockaden stärker. Unwillkürlich fragt man sich, was die von dem Mann da vorne am Altar wohl denken, der von ihrem Alltag meilenweit weg ist und nach dem Gottesdienst durch alle Sperren geht und mit dem

Auto abrauscht in ein freies und geordnetes Leben, von dem manche hier nur träumen können.

Etwas ist mir in dieser belastenden Spannung des Gefangenenhauses zu Hilfe gekommen. Als ich dort den ersten Gottesdienst hielt, bereitete mir das Dienstpersonal einen sehr freundlichen Empfang. Und sie überreichten mir mit einer besonderen Feierlichkeit ein in rotes Leder gebundenes Dokument. Zu meiner Überraschung sah ich eine Ablichtung meines Einlieferungsprotokolls der Geheimen Staatspolizei vor mir, mit den üblichen Verbrecherfotos von vorn und im Profil.

Ich war in ehrenwerter Gesellschaft – mein Freund mit demselben Delikt des Widerstands gegen die Staatsgewalt durch Wallfahrt, und dann war da ein Mann wegen Postraub und ein anderer wegen Totschlag. Die beiden waren dann meine Zellennachbarn. Ich nahm das Dokument, von dem ich keine Ahnung hatte, mit einer gewissen Bewegung entgegen. Man betrachtet ja nach Jahrzehnten seinen eigenen Steckbrief in der Verbrecherkartei nicht ohne eine gewisse überwältigende Erinnerung. Aber es kam nun noch dazu, dass ich mit diesem Dokument sozusagen ein spät zu Ehren gekommener Häfenbruder wurde. Und das hat mir geholfen, beim Gottesdienst die zunächst gegebene Distanz ein wenig zu überwinden. Wenn ich der versammelten gläubigen Gemeinde mitteilte, dass mir durch monatelangen Aufenthalt gesiebte Luft, Fenstergitter, Schlüsselrasseln, Beobachtung durch den Spion und Pflichtrundgang vertraut waren, dann ging so etwas wie ein interessiertes Staunen durch die graugekleideten Reihen. Und ich durfte mir sogar einen Trost erlauben. Während zu meinen Zeiten nichts als Ungewissheit und Willkür herrschte, gibt es heute doch Gesetze, Verteidiger, Richter und Verfahren, bestimmte Fristen und Hoffnung auf Begnadigung. Das alles macht die Situation auch nicht leicht, aber völlige Wehrlosigkeit und Willkür sind noch schlimmer. Mir war nicht einmal ein Buch zu lesen erlaubt.

Ich war als Zelebrant vor den Gefangenen wirklich froh, dass zu meiner priesterlichen Ausbildung auch ein Semester Häfen gehört hatte. Man weiß wirklich nie, wofür die Dinge gut sind.

So ging also die Weihnachtsmesse auch in diesem Jahr gut über die Bühne, die Sängerknaben boten einen wunderbaren musikalischen Rahmen, und das „Stille Nacht, Heilige Nacht" gelang sogar als Volksgesang.

Zum Friedensgruß ging ich durch die Reihen und schüttelte die Hände. Man erlebt dabei die ganze Skala der Gefühle, von reserviert-spöttisch über verlegen-gedrückt bis zu ergriffenherzlich. Ganz hinten standen zwei Kolumbianer, verloren und verstört, weil sie kein Wort verstanden. Es waren zwei arme Teufel, die sich als Drogenkuriere anwerben hatten lassen, um mit ihren Familien den Sprung aus dem Elend zu machen. Aber am Flughafen Innsbruck war Endstation. Und jetzt saßen sie hier ihre Zeit ab. Ich nahm meine dürftigen spanischen Sprachkenntnisse zusammen und sagte: „La paz del Senor sea con vosotros" – und erntete eine Umarmung. Ich habe später gehört, dass der Gefängnisseelsorger vor ihrer Freilassung den Einfall hatte, es sei doch unmenschlich, wenn man einmal im Leben aus irgendeinem kolumbianischen Slum nach Tirol käme und nichts anderes als Gefängnismauern gesehen habe. Er hat die beiden für einen Tag freigebeten und ist mit ihnen im Auto durch ein paar der schönsten Winkel des Landes gefahren. Es war sicher wirtschaftlich keine besonders effiziente Tourismuswerbung, aber ich muss gestehen, dass damit der Grundsatz „Gastland mit Herz" in einer einmaligen Weise aktualisiert wurde.

Im Zuge des Friedensgrußes bin ich dann auf den Luis gestoßen. Der Luis gehörte zur Gilde der Innsbrucker Sandler, die beim Bischofshaus Stammkunden waren, weil ihnen meine gute Wirtschafterin gewisse Hilfen in verschiedenen Nöten bot. Der Luis begrüßte mich besonders herzlich. Nebenbei – ein Verbrecher im Vollsinn war er nicht. Aber er hatte im Supermarkt ein bisschen etwas mitgehen lassen, und da er schon mehrere gleichgeartete Vorstrafen hatte, hatte diesmal das Tragl Bier zum „unbedingt" gereicht – als Gewohnheitstäter. Wenn er ein unbescholtener, geachteter Bankdirektor gewesen wäre, der ein paar Hunderttausend auf die Seite gebracht hatte, dann wäre er wahrscheinlich mit „bedingt" davongekommen. Es kann allerdings auch sein, dass der gute Luis das Ding im Supermarkt gedreht hat, um über die kälteste Zeit ein anständiges Quartier zu haben. Es war ein kalter Winter und die Bundesbahn kontrollierte die abgestellten Waggons scharf. Jedenfalls begrüßte mich der Luis beim Friedensgruß hocherfreut als alten Bekannten.

Aber diese liturgische Handlung hatte weitreichende Folgen. Jedes Mal, wenn er mich später auf der Straße sah, kam er strahlend auf mich zu und sagte: „Herr Bischof, Sie haben mir im Ziegelstadel die Hand 'geben – wissen Sie's noch?" Und der Schlaumeier wusste natürlich, dass ich notgedrungen bei dieser rührenden Erinnerung das Geldtaschl ziehen musste und dass dem liturgischen Händedruck von einst nun ein anderer, materiell inhaltsreicherer zu folgen hatte.

Über diese berechnende Fortsetzung der heiligen Liturgie kann man natürlich lachen – aber manchmal sage ich mir mit einer gewissen Betroffenheit, wie viele Händedrucke man doch beim Friedensgruß gibt, die praktisch nur mehr ein Ritual sind, das keine weiteren Folgen hat. Und eigentlich müsste in dieser Geste doch so etwas wie eine immer bereite Zuwendung liegen. Der Händedruck im Ziegelstadel mit dem Sandler Luis war in dieser Hinsicht ein Denkanstoß.

# Vom Segen des Handwerks

## Festgottesdienst anlässlich der Österreichischen Zimmermeister- und Holzbautage

Euer Beruf hat eine einmalige Würde im Neuen Testament. Eben haben wir es im Evangelium gehört: „Ist er nicht der Zimmermann und des Zimmermanns Sohn?"

Allerdings müssen wir im Abstand von 2000 Jahren die Berufsvorstellungen etwas korrigieren. Jesus war wie sein Vater „tekton" (das Wort steckt heute noch im Ausdruck „Architekt") – und „tekton" hieß damals eher Häuserbauer, Allroundhandwerker. Jesus hat die einfachen Häuser errichtet, mit Stein- oder Lehmmauern, die Balken für das Flachdach mit den Auflagen und lehmgestampfter Decke, manchmal auch schon mit Ziegeln, und die sehr einfache Einrichtung wie die Tür mit dem Holzriegel und den wenigen Gegenständen des Hauses.

Aber wenn ich die Einladung zu eurem Festprogramm anschaue, dann ist das ja auch nicht mehr so wie in meiner Kindheit, wo man beim Wort „Zimmermann" nur an Dachstuhl und Heustadel gedacht hat. Heute ist der Zimmermann mit dem modernen Naturbaustoff Holz eigentlich wieder weitgehend zum „tekton", zum Häuserbauer geworden.

Ihr habt also das erhabenste Zunftmitglied aller Zünfte und Berufsorganisationen der Welt: Der Sohn Gottes gehört zu euch. Euer Verein reicht bis zum Altar, wo der Herr gegenwärtig wird. Und deshalb darf ich mich in dieser Stunde mit einem besonderen Vertrauen an diesen unseren Herrn wenden und zu ihm sagen: Herr, segne das Handwerk!

Ich bitte um den Segen für das Handwerk, weil es

*1. eine Säule der Gesellschaft ist.*
Josef und Jesus waren sicher nicht reich – nach unseren Maßstäben haben sie ein höchst einfaches, ja ärmliches Leben geführt. Aber in der damaligen Gesellschaft, die gekennzeichnet war durch eine winzige, superreiche Oberschicht und eine breite Basis von Armen und Elenden (so wie heute in Südamerika), unversorgten Witwen und Waisen, haben Josef und Jesus als Handwerker zu dem schmalen, bescheidenen Mittelstand gehört.

Es ist wohl auch heute so, dass das Handwerk und die in ihm Tätigen nicht zu den Bestverdienern und zum Geldadel der Gesellschaft gehören, aber sie zählen zu jenem tragend-soliden Mittelstand, der sein Geld mit Arbeit verdient und nicht mit Spekulation, der keine Wirtschaftskrisen verursacht, sondern nur unter ihnen leidet, und der in der Krise seine stabilisierende Seriosität unter Beweis stellt. Schon vor 2400 Jahren hat der griechische Philosoph Aristoteles festgestellt, dass es ohne diesen Mittelstand weder funktionierende Demokratie noch Freiheit gäbe. Auch wenn heute das Handwerk nicht mehr die Bedeutung der Zünfte im Mittelalter hat, so hat es doch die Rolle der Solidität in der hochindustrialisierten Gesellschaft beibehalten.

Als ehemaliger Caritasbischof von Österreich weiß ich auch, wie wichtig die Ausbildung von Handwerkern in der Dritten Welt für den wirtschaftlichen Aufstieg ist. Ich hatte einen Freund, einen ehemaligen Kriegskameraden, einen Benediktiner-Ordensbruder, der die Meisterprüfung als Zimmermann und Tischler besaß. Er hat durch Jahrzehnte in Ostafrika Eingeborene in diesen Handwerken ausgebildet. Er hat mir gesagt, es sei eine mühsame Arbeit, weil die Menschen dort an diese disziplinierte Form von Arbeit nicht gewöhnt seien. Aber wer durchhält und die Qualifikation erreicht, ist für im-

mer der Armut und dem Elend entronnen. Das Handwerk ist und bleibt eine Säule der menschlichen Gesellschaft. Darum meine erste Bitte: Herr, segne das Handwerk!

Und ich bitte noch aus einem zweiten Grund um den Segen für das Handwerk: Der Handwerker erlebt in einem hohen Maße

### 2. Arbeit als Sinnerfüllung

Manchmal blitzt in den Gleichnissen und Bildern Jesu das Werterlebnis und die Werterfahrung seines Berufes durch: So etwa, wenn er das Beispiel vom seriösen und vom unseriösen Hausbau bringt, von dem Haus, das auf Sand gebaut ist und das der Regen unterwühlt und zum Einsturz bringt, und dem Haus, das auf Felsengrund gebaut ist und alles übersteht.

Der Handwerker erlebt in vielen Fällen unmittelbar sein Werk. Das ist heute in einer Welt kompliziertester Arbeitsteilung sehr oft nicht der Fall. Wie mir die Tiroler Zimmermeister dankenswerterweise in einer Woche in Albanien einen großen Kirchendachstuhl hinaufgezaubert haben, haben die Einheimischen dort nur so gestaunt. Aber ich muss nicht nach Albanien gehen, um handwerkliche Leistungsfreude zu demonstrieren. Dieser Dom hier ist ein eindrucksvolles Beispiel dafür. Für seine Renovierung waren 48 Firmen beschäftigt. In keiner Sparte mussten wir außer Landes gehen, so hoch ist hier das handwerkliche Niveau. Und mit keiner Firma gab es Schwierigkeiten. Da bin ich dem Handwerk und der Freude am eigenen, sichtbaren Werk begegnet, dieser Freude, die den Menschen erfüllter, zufriedener, selbstwertbewusster macht. Das ist eine Aufwertung des Menschseins. Man sieht, was mit Können und Fleiß und Einfallsreichtum gewachsen ist. Und genau das spricht das Buch Deuteronomium im Alten Testament schon vor 2700 Jahren an mit dem schönen Satz, der in einer Werkstatt hängen könnte:

„Du sollst vor dem Herrn, deinem Gott fröhlich sein
und dich freuen über alles, was deine Hände geschaffen haben."

(Deut 12,18)

Und das ist der zweite Grund, weshalb ich den göttlichen Zimmermann und Häuserbauer aus Nazareth um seinen Segen für das Handwerk bitte: Es schenkt sinnerfüllte Arbeit.

Und meine Bitte um den Segen für euer Wirken und Mühen, Ringen und Sorgen, Planen und Vollenden, auch für euer Betriebsklima und den Umgang mit Mitarbeitern, für die Ausbildung von Lehrlingen und was damit verbunden ist, hat noch einen dritten Grund. Und der hängt damit zusammen, dass ich einen Großteil meines Lebens mit der Schule und der Bildung junger Menschen verbracht habe.

Unser ganzes Bildungswesen hat eine einseitige Tendenz zum *Hirnwerk* und nicht zum *Handwerk*. Wir schaffen eine verkopfte Welt und einen verkopften Menschen. Und wenn man sich in der Menschenbildung so ausschließlich nur mit dem Kopf, der Theorie, dem Wissensstopfen, dem Abfragbaren und Pisagemäßen befasst, dann bleibt vieles zurück – das Herz und die Hand. Und so soll Gott das Handwerk segnen, weil es den Menschen mit Geist, Herz und Hand formt.

*3. Die Entfaltung der Hand*
Vor einigen Jahren erschien eine Studie, eine anthropologische Untersuchung, übrigens finanziert von der Deutschen Industriegesellschaft, mit dem Titel „Der Mensch ohne Hand". Und hier wird dargestellt, wie bedenklich eine Formung von Menschen ist, die die Hand vernachlässigt. Wenn es nicht das Musikinstrument und den Sport gäbe, dann würde die Hand unserer Kinder und Jugendlichen nur noch für Computertasten, Fernsehbedienung, Lenkrad, Liftleisten, Knopfdrücken, Handymanipulation, Bildschirmwechsel, Schalter und Rasierapparat verwendet. Die Hand bleibt in der Menschenbildung aus dem Spiel.

In der modernen Arbeitswelt müssen natürlich Greifhände und Roboter die Menschenhand ersetzen, sicher Wunderwerke, notwendige Wunderwerke der Technik. Aber die wunderbarste Universalwerkzeugmaschine der Welt bleibt doch die Hand. In einer Volksschulklasse habe ich den Kindern erzählt, wie Jesus den Mann mit der verdorrten Hand geheilt hat (das war der damalige Ausdruck für Muskelschwund). Danach haben die Kinder aufgeschrieben, was die Hand alles kann, vom Morgen bis zum Abend. Sie sind an kein Ende gekommen. Am Schluss hat ein Neunjähriger die Umrisse seiner Hand ins Religionsheft gezeichnet und daruntergeschrieben: Meine Hand – für 100 Millionen nicht zu haben …

Verstehen Sie, warum man dieses Defizit unseres Bildungswesens mit der Vernachlässigung der Hand bedauern muss? Verstehen Sie, warum man von Bildung und Erziehung her froh sein muss, wenn Berufe sich nicht nur um den Kopf, sondern auch um die Hand kümmern? Ich habe immer festgestellt, dass junge Menschen, die diese umgreifende Bildung erfahren haben, oft integrierter, realitätsverbundener und ganzheitlich-erfüllter sind. Die Spinner kommen aus anderen Sparten. Die Warnung vor dem versäumten Entfalten von Herz und Hand steht übrigens auch schon in der Heiligen Schrift, im Buche Jesus Sirach (2,12):

„Wehe den mutlosen Herzen
und den schlaffen Händen!"

Natürlich muss sich auch das zeitgemäße Handwerk der Maschinen bedienen. Aber im Handwerk kommt die Hand doch zu ihrem Recht – mitten in einer verkopften, intellektualisierten, übermechanisierten Welt.

Und so schließe ich mit der Bitte:

Jesus Christus, Zimmermann von Nazareth,
Sohn Gottes, Erlöser der Welt – du bist einer von uns.
Das Handwerk ist eine Säule der Gesellschaft,
der Ort, wo man Arbeit als Sinnerfüllung erleben kann,
ein Beruf, der den ganzen Menschen entfaltet,
Geist, Herz und Hand.
Ich bitte dich – segne das Handwerk!

# Das Gloria in der Polarnacht

Der Heilige Abend des Jahres 1943 stand unter keinem guten Stern. Wir lagen zwar 100 Meter hinter der Hauptkampflinie in der Reservestellung und standen deshalb nicht in den nachtdunklen Gräben, in denen es keinen Tag mehr gab und wo man ins verschneite Niemandsland hinausstarren musste, in die zerschossenen Bäume, zwischen denen der Feind immer wieder in Schneetunnels bis vor die Postenstände kam, plötzlich wie aus dem Nichts auftauchend – nein, davor waren wir diesmal am Heiligen Abend an dieser verdammten karelischen Waldfront verschont. Aber Weihnachtsstimmung war keine in den Bunkern mit den schweren Balkenlagen. Irgendein Ehrgeizling hatte gerade noch vor dem Fest einen militärisch völlig unnützen Spähtrupp befohlen, der nichts gebracht hatte als drei tote Kameraden, für die jetzt die Briefe nach Hause gingen: „Für Führer, Volk und Vaterland" gefallen, heldenhaft und in soldatischer Pflichterfüllung. Der wütende Kompaniechef, der die Briefe schreiben musste, konnte ja nicht wahrheitsgemäß hinzufügen: „und für die Knopflochschmerzen eines Herrn da hinten", weit hinten im Soldatenheim, wo jetzt die Sektpfropfen knallten und wo man vom Krieg nie etwas spürte. Denn in den Urwäldern Kareliens war der Stellungskrieg nur eine Sache der polarnachtübermüdeten Posten vorne und ihrer Zugführer.

Es herrschte also eine dumpfe Wut in den Bunkern, obwohl einige Weihnachtsgaben den Weg nach vorne geschafft hatten. Aber wenige Tage zuvor war in den Nachrichten auch durchgekommen, dass Innsbruck am 17. Dezember schwer bombardiert worden sei – und unsere Wohnung lag in der

Adamgasse am Bahnhof. Es gab natürlich noch keine Nachricht von zu Hause.

Die alkoholischen Getränke waren zwar rationiert, aber einer unserer Unteroffiziere hatte doch zu viel erwischt, was eigentlich vorne auch in der Reservestellung kaum vorkam, weil man ja immer in Alarmbereitschaft sein musste. Aber beim Betrunkenen brach das ganze Elend durch, das nach fünf Kriegsjahren unter der immer dünner werdenden Decke soldatischer Haltung und Disziplin verborgen war. Er war aus der Industriezone Frankens, wo die Bombenangriffe pausenlos tobten, und hatte Frau und Kinder. Er torkelte zur Bunkertüre hinaus, wo in den Haltern die Gewehre und die Maschinenpistolen standen. Mein Freund ging ihm nach, weil er Unheil vermutete – und tatsächlich saß der Unteroffizier im Schnee und hielt den Gewehrlauf ans Kinn, und seine Hand tastete nach dem Abzug. Mein Freund schlug ihm im letzten Augenblick das Gewehr aus der Hand und schleppte ihn zurück in den Bunker. Auch diese Episode war nicht gerade ein Krippenspiel.

Ich habe im Lauf des Krieges übrigens in der Kampfkompanie nur den Selbstmordversuch dieses Betrunkenen erlebt und den Suizid eines verzweifelten Verwundeten, der unmittelbar mit der russischen Gefangenschaft rechnen musste. Sonst erlaubte der ständige Kampf ums Überleben den Durchbruch von Depression eigentlich nicht. Aber anscheinend galt für den alkoholisierten Oberjäger auch das, was wir bis heute um Weihnachten feststellen. Für Vereinsamte, Belastete und Depressive kann das Fest mit seinem emotionalen Hintergrund, der bis in Kindertage zurückreicht, recht gefährlich werden.

So schleppte sich ein müder Weihnachtsabend im Bunker dahin. Da kam ein Melder von der Kompanie vorbei und sagte zu mir: „Jenseits vom großen See ist ein Priestersanitäter in der Stellung, der feiert im Bunker Mitternachtsmette." (Das

Bunker Gangaschwara in Karelien, Jänner 1944

war an sich verboten, Gottesdienste durfte nur der Militärpfarrer halten – aber es gab Offiziere, die auf diese Vorschrift um Weihnachten pfiffen.)

Ich habe zu meinem Freund gesagt: „Meinst du, dass uns der Chef gehen lässt?" Es war eigentlich kaum zu erwarten. Aber der Zugführer ging mit uns zum Kompaniegefechtsstand und – o Weihnachtswunder – der Chef erlaubte mir und meinem Freund den Besuch. Rückblickend muss ich mich heute noch wundern. Denn der Weg zur Nachbarstellung ging über einen fünf Kilometer breiten zugefrorenen See. Und dieser See war Niemandsland. Er setzte sich zur russischen Seite hinüber fort. Wir mussten zu den Waffen auch Leuchtpistolen mitnehmen und wurden ermahnt, ja auf eventuell von der Feindseite herkommende Schispuren zu achten. Wir machten uns fertig, vom Kopf bis zum Fuß in schneeweißes Tarnzeug gehüllt.

Auf der Langlaufspur versank in der dunklen Nacht jeder Horizont. Es gibt in der Welt nicht viel Einsameres als einen gefrorenen See in Nordfinnland, mit einem Meter Pulverschnee und keiner Sicht auf ein Ufer. Das Gleiten der Schi und die Stockeinsätze sind leise. Nur seitwärts, wo die deutschen und russischen Stellungen den See erreichen, ist hie und da MG-Feuer hörbar, und eine Leuchtkugel steigt hie und da mit einem fernen, undeutlichen Schimmer. Wir fahren schnell, auch wenn wir nicht gerade die besten Langlaufbretter haben. Die guten stehen hinten beim Soldatenheim, wo die Fernkampfstrategen tafeln. Wir vorne kriegen den Ausschuss.

Es ist ein einziges großes Schweigen. Aber irgendwie ist man froh, der drückenden Atmosphäre des Bunkers entkommen zu sein. Und ich kann heute wahrscheinlich niemandem klarmachen, was die Erwartung, eine Mitternachtsmette zu erleben, damals für uns bedeutete. Das war ein Stück Heimat des Herzens, ein Stück Menschsein und ein Hauch von Geborgenheit, den auch die verdammten Maschinengewehre mit ihrem bösen Bellen nicht stören konnten. Und so jagten wir dahin.

Auf einmal tauchte das andere Ufer auf. Wir riefen einem Posten das Kennwort zu und dann ging's nur ein Stück Richtung Feind in die Kampfstellung. Und da war ein großer Bunker mit sechs Lagen, die auch einem schweren Granatwerfer keine Chance ließen. Wir traten ein – und dicht gedrängt standen die Gebirgsjäger im Raum und der Sanitätsgefreite legte gerade die priesterlichen Gewänder an.

In der Heimat tobte ja eine brutale Kirchenverfolgung – und alle Propaganda in Schule, Hitlerjugend, Zeitung und politischer Rede war gegen das Christentum gerichtet. Aber an der Front war das anders. Ich habe als Theologiestudent in der Kampfkompanie nie ein Wort des Spottes über den Glauben gehört. Und bei den seltenen Gottesdiensten des Divisionspfarrers (die alten Regimenter hatten noch einen) lag die Beteiligung der Katholiken bei 94 Prozent. Das bringen wir in der Kirche heute nirgendwo her. Allerdings – auch damals sank die Beteiligung hinten bei den Kraftfahr-, Bäckerei- und Wurstkompanien und ähnlichen Eliteeinheiten bis auf 40 Prozent. Vorne ist das Leben ernst. Der Tod gehört zum Alltag. In manchen Stellungen wird man in wenigen Tagen und Wochen dezimiert. Spötter verstummen. Niemand schämt sich zu gestehen, dass er religiös sei. Immer wieder bekomme ich zu hören: „Ich beneide dich um deinen Glauben …"

Die Frontsoldaten, die sich da im Bunker drängen, sind keine müden Christen, die ihre Sonntagspflicht erfüllen. Man spürt, dass da in der Heiligen Nacht mitten im schrecklichen Alltag des Krieges eine leise Melodie von Heimat, Glaube und Gottvertrauen aufsteigt, auch wenn niemand davon spricht.

Wie der Priester bei der heiligen Wandlung die Hostie hebt, läuten allerdings keine Glocken. Ein russisches Maschinengewehr hämmert mit seiner Leuchtspurmunition über den Bunker, aber das ist nichts Ernstes. Nur eine Erinnerung, dass der Weihnachtsfriede nicht draußen ist, in Gräben, Stellungen und Drahtverhauen, sondern eben nur drinnen, im Herzen, im Wissen um ein letztes Gehalten- und Geborgensein, das nicht einmal ein Feuerüberfall der Stalinorgel stören kann.

Es war meine unvergessliche Mitternachtsmesse. Nicht einmal bei einem Pontifikalamt im Dom mit Lichtorgien, Kerzen, Prachtgewändern, Chören und Orgelmusik werde ich die Intensität des Geheimnisses „Gott ist Mensch geworden" so fühlen wie in diesem stickigen Bunker mit den armseligen Hindenburglichtern und einer Karbidlampe.

Wir fahren wieder heimwärts, über den See, in Richtung unserer Stellung. Zunächst umfing uns das Dunkel der Polarnacht,

Heimkehr von der Christmette 1943

aber dann – auf einmal – schoss ein Lichtstrahl vom Horizont bis zum Polarstern hinauf. Es begann eine einmalige Vorstellung des Nordlichts. Wir waren Nordlichter gewöhnt. Aber dieses Nordlicht in der Weihnachtsnacht 1943 war einmalig. Der Lichtstrahl wurde zu einer Orgel mit vielen Pfeifen, sank in sich zusammen, um als wogendes Lichtmeer über den ganzen Nordhorizont wieder aufzugehen, mit Wellen und Wogen, die manchmal grüne und rötliche Schimmer hatten. Und das löste sich wieder auf in diffuse Wolken, und die verwandelten sich in Lichtgirlanden, die von den Sternen hingen. Manchmal kamen Lichtwogen wie ein heranbrandender Tsunami über den Himmel.

Mein Freund Eugen und ich, wir sind stehengeblieben, mitten im See.

Wie heißt es im Weihnachtsevangelium? „Und in derselben Gegend waren Hirten auf dem Felde, die Nachtwache hielten bei ihrer Herde. Da trat ein Engel des Herrn zu ihnen, und die Herrlichkeit des Herrn umstrahlte sie …" (Lk 2,8)

Hirten waren wir keine, nur zwei lausige Obergefreite in der kalten Nacht eines völlig sinnlosen Krieges, mit den fernen bösen Maschinengewehrsalven im Ohr, auf einer Langlaufspur, die wieder in ein sinnloses Morden führte, voller Verwundetenelend und Tod. Eugen war ein Tischler aus Schwaben und wir zwei waren am Schluss bei den wenigen Überlebenden der Kompanie. Aber er ist dann Missionar in Kenia geworden. Und vor seinem Tod ist er noch einmal zu mir gekommen. Ich war als Bischof vor dem Ruhestand. Er ist bald darauf in Afrika gestorben.

Aber diese Weihnachtsnacht in Nordkarelien, 50 Kilometer vor dem Weißen Meer, in dieser menschenleeren Einöde, in die nur der Krieg mit seiner Zerstörung eingebrochen ist, diese Weihnachtsnacht mit den himmlischen Lichtorgeln und den gleißenden, wallenden Vorhängen und den strahlenden Girlanden haben wir zwei nie mehr vergessen, trotz des ganzen Elends rundherum. Es war wie eine gewaltige Show zum alten Lied „O Heiland, reiß die Himmel auf …"

Zwei Tage später bezogen wir Stellung auf dem gefürchteten Hügel Gangaschwara und der verdammte Winterkrieg hatte uns wieder. Ich mag seit jenen Jahren den Langlauf nicht mehr. Mein Loipenbedarf ist fürs ganze Leben gedeckt. Aber damals, in jener unvergesslichen Weihnachtsnacht nach der Mitternachtsmesse im Frontbunker, damals, auf dem Heimweg durch die Lichtorgie, damals hat uns der Prophet Jesaia vor 2700 Jahren einen Langlaufspruch ins Herz geschrieben:

„Die auf den Herrn vertrauen, schöpfen neue Kraft. Es wachsen ihnen Schwingen wie den Adlern. Sie laufen und werden nicht müde, sie gehen und werden nicht matt …"

# Die alte Lehrerin

Sie möchte nicht stören, sie hätte nur eine Spende abzugeben, sagte die leise Stimme durchs Haustelefon. Aus dem Lift trat dann eine alte Dame, ein fast zerbrechliches Persönchen. Das Geschäft der Wohltätigkeit hätte sie am liebsten gleich im Stiegenhaus abgewickelt, um dann sofort, alle Dankesbezeugungen abwehrend, wieder zu gehen. Ich bitte sie herein – auf einen kleinen Plausch. Die Lebensgeschichte großzügiger Menschen hat mich immer interessiert.

Und es entrollt sich vor mir, in knappen Worten vorgebracht, das typische Schicksal einer katholischen Tiroler Lehrerin.

Kaum betritt der neue Bezirksschulinspektor in Innsbruck im Jahre 1938 ihre Klasse, fordert er sie auf, das Kreuz zu entfernen. „Ich habe es nicht hinaufgetan, ich hole es auch nicht herunter", sagt die junge Lehrerin und erntet dafür prompt eine Strafversetzung in ein Dorf hinter den Bergen. Dort tritt sie den Dienst an, und weil kein Organist mehr da ist, setzt sie sich auf den Orgelbock der Pfarrkirche. „Sie sollten der Partei beitreten und das Orgelspielen sein lassen", sagt der nunmehrige Bezirksschulinspektor. „Die Orgel hat schon mein Vater gespielt – ich bleibe dabei. Und der Beitritt zur Partei ist doch freiwillig und nicht erzwungen?", antwortet die Lehrerin und handelt sich damit eine Strafversetzung in das ferne Sudetenland ein. Auch dort wiederholt sich das Spiel: „Sie gehn noch immer am Sonntag in die Kirche – und der Partei treten Sie auch nicht bei", lautet der neue Vorwurf. Sie geht aber weiter in die Kirche – ohne Parteiabzeichen. Daraufhin wird sie in eine deutsche Schule in der Tschechei versetzt. Dort ist vorläufig Endstation. Am Ende hat sie Glück.

Auf Grund einer Krankheit gelingt ihr in den letzten Wochen die Reise nach Wien. Sonst wäre sie dem Schicksal des Raubes, der Plünderung, des Verjagens oder des Mordens durch die Tschechen ausgeliefert gewesen, die wahllos über alles herfielen, was deutsch redete, auch über solche, die von den Nazis verfolgt wurden. Diesem Finale entging sie. Ich höre dieser Geschichte ergriffen zu. Ich weiß, was hinter diesen dürren Worten an Mut und Konsequenz steckt. Mehr Mut, als ein Dutzend deutscher Generäle zusammen aufbrachte. Aber sie fühlt sich nicht als Heldin. Sie möchte jetzt mit ihrem Ersparten nur Gutes tun – für die große Not der Menschen im Osten. Im Osten, wo sie so viel Bitteres erlebt hatte.

Sie lässt mir ein Kuvert da, eine Spende in der Größenordnung der Bruder-in-Not-Sammlung einer 7000-Seelen-Pfarre.

Ein Mitbruder hat mir einmal gesagt: Die eindrucksvollste Motivation für seine Arbeit brächten ihm nicht Dekrete, Dokumente und Predigten, sondern einfache Menschen, die die Liebe leben. Ich kann ihm nur zustimmen. Die kleine, alte Lehrerin steht in diesem Buch für viele andere, deren Bilder aus einem Fotoalbum der Erinnerung nie mehr herausgefallen sind, obwohl sie alle ein so unscheinbares Image hatten, dass sie jedermann beim Durchsehen überblättern würde …

Diese Art von Menschen taucht in den Dokumentationen jener Jahre nicht auf. Da ist das österreichische Volk nur eine Bande von Sieg-Heil-Schreiern. Die Hunderttausenden von Verfolgten, Verfemten, beruflich Geschädigten, Strafversetzten und dauernd Gefährdeten sind höchstens am Rande erwähnt, wenn sie bis ins KZ oder vors Schafott kamen. Aber ich habe vor diesen kleinen namenlosen Frauen und Männern, die mutig Zeugnis gegeben haben, eine ganz große Achtung und Dankbarkeit. Sie bildeten wie winzige Sterne eine Milchstraße der Hoffnung in jenen Nächten der Heimat.

Natürlich gibt es derartige unbeachtete Hoffnungsträger auch heute. Sie stehn nicht mehr im Schussfeld einer Tyrannei, sondern im Abseits einer konsumbesessenen Spaßgesellschaft. Sie werden nicht mehr zu einem Parteieintritt gezwungen, sondern zum flachen Sandstrand der Oberflächlichkeit eingeladen, wo sich die Wohlstandsmassen räkeln und tummeln. Und diese Repräsentanten des „leisen Guten" verlieren zunächst fast immer auf der propagandistischen Ebene gegenüber dem „lauten Bösen", das immer wieder die Schlagzeilen erobert. Aber sie sind die kleinen Wellen im großen Golfstrom Gottes, der durch die Meere der Weltgeschichte zieht und noch in der arktischen Region der Rücksichtslosigkeit für eisfreie Häfen sorgt und an sich raue Küsten der Unmenschlichkeit wohnlich macht. Sie haben etwas mit den unscheinbaren, winzigen Bakterien gemeinsam, die unverdrossen den Schmutz der Zivilisation abbauen und die Wasser klären.

Der Psalm 35 nennt sie schon vor 2500 Jahren die „Stillen im Lande". Zur Zeit Jesu waren es diese Kreise der Bevölkerung, die ihn von Anfang an am besten verstanden haben, wie Josef und Maria, Simeon und Anna. Daran hat sich wahrscheinlich bis heute nicht viel geändert. Die „Stillen im Lande" bleiben die fünfte Kolonne des Heiligen Geistes. Den großen Auftritt werden sie erst beim Weltgericht haben.

## Viertes Kapitel
# EINE ZEIT ZUM SCHMUNZELN

*Hier geht es um die stille Freude, mag sie nun hintergründig sein oder ein bisschen boshaft. Man kann sie mit ihm genießen im Wissen, dass er niemanden persönlich verletzen will, und dass er – letzten Endes – wieder einmal pädagogische Ziele verfolgt.*

*Reinholds Fantasie war unerschöpflich.*

# Zwei Kaiser

Zwei Kaiser – schlicht und anonym –
begegnen sich im Jagdkostüm.
Zwar sind sie zeitlich distanziert,
doch familiär sehr stark liiert.
Trotz Jagdgewehr und Armbrust
belastet beide starker Frust.
„Franz Josef", sagt der Letzte Ritter
und lächelt dabei etwas bitter.
„Die Treibjagd der Regierungszeit
sie war kein lustiges Gejaid (Jagd).
Man fühlte, wie die Throne wackeln.
Ich mit dem Windspiel, Du mit den Dackeln."
Drauf sprach der edle Kaiser Franz
und von ihm wich der Krone Glanz:
„Lieber Maximilian,
hör mich bitte jetzt mal an:
Viele Kriege war'n Dir Lust.
Für mich war'n alle nichts als Frust."

Jäger aus dem
Hause Habsburg

# Verehrer moderner Kunst

Rembrandts dritte kongeniale Übermalung

Spontane emotionale Bereicherung durch Kunst

Saal 5, 15.00 Uhr: Andacht für Ergriffene

Irrtümliche Entdeckung eines frühen Beuys durch Experten

Präzisionsarbeit im Atelier für Schütt-Kunstwerke

# Der Songcontest
# im Laufe der Geschichte

Songcontest der Neandertaler

Songcontest Rom 50 v. Chr.

Songcontest 1250

Songcontest 1750

# Kater und Polizeihund

Kinder brauchen keineswegs Berge von Spielsachen, damit sie glücklich sein können. Und vor allem brauchen sie nicht Unmengen von teurer Technik. Neulich hat doch eine japanische Firma einen vollautomatisierten Hund auf den Markt gebracht. Er wurde sogar im Fernsehen vorgeführt. Ich möchte allen Kindern lieber Kontakt mit lebendigen Tieren wünschen. Manchmal kommt mir der Gedanke, als sei für ein Kind der vertraute Umgang mit einem Lamm, einer Ziege, einem Pferd, einem Hamster oder einem Hund eine Intensivbegegnung mit der lebendigen Natur und der Schöpfung, die später kaum nachzuholen ist. Es kann zu einem gegenseitigen Verstehen, einem stillen Einvernehmen zwischen Mensch und Tier kommen, das man später in dieser gemütsmäßigen Intensität gar nicht mehr schafft.

Wir hatten einen Kater und einen Hund. Wir hatten im Garten Hennen. Aber denen gegenüber kam nie ein partnerschaftliches Verhältnis zustande. Mit Hennen kann man nicht spielen. Unsere Großmutter, die Hennen von ihrer bäuerlichen Welt her liebte, ermahnte uns zwar immer wieder, dass auch die Hennen Gott geschaffen habe und dass wir ja ihre Eier schließlich und endlich auch mögen, aber weder theologische noch kulinarische Überlegungen haben uns die Hennen nähergebracht. Sie waren einfach zu dumm.

Aber wir hatten einen Kater. Er war uns einst halbverhungert zugelaufen und fraß sich bei uns rund und fett. Er ließ sich von uns herumtragen, streicheln und kraulen – nie hat er bei unserem manchmal stürmischen Umgang Ungeduld oder die Krallen gezeigt. Er war wirklich pflegeleicht, aber furchtbar faul. Als wir eines Tages beschlossen, Zirkus zu spielen, wollten wir mit ihm eine Schwarzer-Panther-Nummer abziehen. Von seinem Aussehen her hätte alles gestimmt. Er hatte ein schwarzseidenes Fell, grüne Augen und einen buschigen Schwanz. Aber alles Gehabe einer Raubkatze hatte unser Kater im langen Umgang mit der Zivilisation eingebüßt. Er war trotz vieler Versuche nicht zu bewegen, durch einen vorgehaltenen Reifen auch nur durchzusteigen, geschweige denn zu springen. Er legte sich einfach vor den Reifen, rollte sich zusammen und schnurrte. Aus der Panthernummer wurde nichts. Wir mussten für ihn eine andere Rolle ausdenken, in der er seine ganze indolente Faulheit ausleben konnte. Und tatsächlich enttäuschte er uns nicht. Wir legten ihn auf einen Polster, was ihm sofort gefiel. Dann hängten wir ihm einen roten Königsmantel um. Auch das nahm er gelassen hin. Nach einigen Versuchen ließ er es sogar geschehen, dass wir ihm eine aus Goldpapier gebastelte Kaiserkrone aufsetzten und unter seinem dicken Kopf mit einer Maske festbanden. Dann knüpften wir an einen Polsterzipfel einen Spagat und zogen ihn als Märchenkönig durch die Zimmer. Er machte lange mit, bis er sich erhob und mit der roten Schleppe dem Fressnapf zustrebte. Ich glaube nicht, dass sich ein Kater dies von Erwachsenen gefallen ließe. Aber uns nahm er nichts übel. Wenn wir von der Schule kamen, rannte uns der Hund immer zu stürmischer Begrüßung entgegen, legte uns die Tatzen auf die Schultern und begann uns abzuschlecken. Auch der Kater folgte nach. Selbstverständlich in gemessener Art, aber mit freudig hochgestelltem Schwanz, also offenkundig in der höchsten Form freudiger Erregung, zu der dieser stinkfaule Kerl fähig war. Wir hatten ihn doch sehr lieb. Mit dem Hund war er eng befreundet. Die beiden pflegten ihren Mittagsschlaf gemeinsam zu halten.

Der Hund war ein Wunderhund.

Er war ausgebildeter Polizeihund und hatte für seine Dressurleistungen und seine Schönheit zwei Goldmedaillen bekommen. Ein Onkel hatte ihn erzogen – und brachte es dann nicht übers Herz, diesen Hund irgendeinem Fremden zu verkaufen. Und so kamen wir in den Besitz dieses teuren Tiers, das wir uns nie leisten hätten können. Der Hund Othello wurde ein wesentlicher Bestandteil unserer glücklichen Kindertage. Wenn einer von uns weinte, kam er sogar trösten. Er nahm an unserer Trauer so intensiven Anteil, dass er anfing mitzuseufzen und zu jammern. Obwohl er den Verbrecherfang aus dem Effeff beherrschte, hat er nie irgendeinem Menschen etwas zuleide getan. Wenn man mit ihm ausging, brauchte man keine Leine. Man sagte zu ihm „Fuß!" – und dann ging er einen halben Meter hinter dem linken Fuß. Er war so intelligent, dass er der Großmutter zusah, wie sie die Eier aus den Hennennestern aushob. Eines Tages ging er selbst zu den Nestern, holte ein Ei heraus, trug es vorsichtig im Maul hinauf in die Küche, legte es der Großmutter hin und holte das nächste. Woher hat der Hund gewusst, dass Eier zerbrechlich sind? Er war eben ein Wunderhund.

Nur als wir eines Tages unsere Tante in der Stadtwohnung besuchten, fiel er etwas aus der Rolle. Die Tante hatte eine große Kristallschale mit wunderbaren selbstgemachten Lebkuchen vorbereitet – und die hat er in einem unbewachten Augenblick alle aufgefressen. Die Tante hat dann ein paar unschöne Bemerkungen über den großartigen Polizeihund gemacht, der sich bei ihr da gleich als schäbiger Dieb einführte. Aber das war ungerecht. Bei uns zu Hause hatte Othello eine Menge zu bewachen: uns Kinder, das Haus, den Garten, die Obstbäume und die Hennen, aber hier in der Stadtwohnung der Tante fiel das alles weg. Er war daher als Polizeihund eindeutig außer Dienst. Die vertilgten Nürnberger Leckerli konnte man ihm unmöglich beruflich ankreiden.

Aber es schlug auch seine Stunde als Polizeihund.

Ich war etwa zehn Jahre alt und ging mit Othello zum Dorfplatz. Er war wie immer an meiner Seite, brav und diszipliniert, wie er es gelernt hatte – ein Hund, der keinen Ärger macht. Auf dem Dorfplatz gab es wie immer ein paar Hunde, zwei mit einem offenkundig etwas komplizierten Stammbaum und den großen Bernhardiner des Wirts. Als ich beim Stadel des Wirtes vorbeiging, war eine Katze am Straßenrand, die herüberpfauchte und Othello zu einem kleinen Zucker veranlasste, aber nur einen Augenblick – er blieb bei mir mit einem leisen Knurren.

Der Wirt hatte einen Knecht, der eben unter dem Tor stand und den Stadel auskehrte. Wir wussten, dass er ein etwas grantiger Herr war. Er warf den Besen auf meinen Hund. Othello wich aus. Und dann wurde es gefährlich. Der Knecht hetzte den großen Bernhardiner auf Othello – und die zwei anderen Kläffer dazu. Othello war kein Raufer. Er blieb noch immer an meiner Seite. Es war uns strengstens verboten, unseren Hund zu hetzen. Dafür gab es ein kleines Wort, das wir nie aussprachen. Aber nun habe ich mir gedacht, wenn du hetzen kannst, kann ich das auch – und habe auf den Bernhardiner gezeigt und das verbotene Wort ausgesprochen: „Othello, fass!"

Und dann ging alles wie der Blitz. Othello schoss auf den großen Hund zu und rammte ihm die Schnauze in die Seite, dass er beim Stadeltor hineinflog, und links und rechts jaulten die Köter auf – und alles war vorbei. Die Hunde waren verschwunden, die Katze saß auf einem Obstbaum und der Knecht war auch nicht mehr zu sehen. Ich rief Othello zu mir zurück. Er folgte sofort. Und dann schritt ich die Gasse hinauf – im Vollgefühl des Sieges. Jetzt wussten sie alle, was ein Polizeihund ist. 50 Meter weiter droben konnte ich es mir nicht verkneifen, auf den Kampfplatz zurückzuschauen, wie weiland Napoleon.

# Die Henne Kummernuss

# Die kleine Lebenskunst

Am Morgen schon hab ich erwogen,
als ich den Vorhang aufgezogen,
beim Wetter, bei dem wenig schönen
das Frühstück länger auszudehnen.

Ich glaube, dass dies jeder spürt:
Man fühlt sich nicht sehr motiviert
zu intensiverer Bewegung.
So widmen wir uns der Verpflegung.

Wir haben da die Regelkunde
– wie wär's mit einer Kegelrunde?
Es wird, wer mit dem Kreisel pokert,
doch psychisch äußerst aufgelockert.

Und ein Spaziergang um das Haus,
das gliche eine Bergtour aus.
Man muss die Dinge eben nehmen,
so wie sie sind, auch die bequemen.

# Der missbrauchte Engel

Ein sehr praktisch denkender Mesner hat hier einem großen Anbetungsengel beim Hochaltar eine nicht ganz passende Aufgabe zugedacht. Obwohl auch das Weihwasser zu den heiligen Dingen gehört, musste ich bei der Visitation auf Entfernung des Nagels bestehen.

An dieser Figur kann man ablesen, woher das Wort „Engelsgeduld" kommt. Aus dem Zustand des Nagels konnte ich schließen, dass dieser himmlische Geist den Service als Weihwasserwedelhalter schon viele Jahre geleistet hat.

# Memoiren sind unzumutbar

Wenn man 90 wird, sagte man mir neulich, und manches erlebt habe, dann müsse man Memoiren schreiben. Aber meine Memoiren wären auf weite Strecken völlig uninteressant. Wieder andere sagen, wenn man 90 sei und viel gepredigt und geredet habe, müsse man doch eine Blütenlese rhetorischer Bemühungen herausgeben. Aber alle Predigten sind Trockengemüse. Ich muss froh sein, wenn sie frisch manchen geschmeckt haben.

Ich bin draufgekommen, dass die kurze Geschichte, die man selbst erlebt hat, am ehesten geeignet ist, weitergegeben zu werden. Sie hat keine großen Ansprüche. Sie ist zufrieden, wenn sie ein Lachen oder wenigstens ein kleines Lächeln hervorruft, Augenzwinkern, einen Augenblick Betroffenheit oder Mitgefühl oder vielleicht eine Einsicht, ein Innehalten, einen Gedanken, der wie eine Bergdohle aufsteigt, absegelt und in den Wolken verschwindet.

Die Vorliebe für kurze Geschichten vor dem Einschlafen geht auf meinen Großvater zurück. Wir hatten als Kinder kein Radio, kein Fernsehen, keine Videospiele und keine Kindersendungen. Wir hatten nur einen Großvater. Wenn wir abends in den Betten lagen, kamen immer wieder dieselben Geschichten. Er hat uns keine Märchen erzählt, die fanden wir in den Büchern. Er hat uns die Erlebnisse seiner Kindheit und Jugend erzählt, und das war oft noch lebendiger als alte Sagen und so fang ich mit dem Großvater an.

Er ist 1856 in Klausen, dem kleinen Städtchen in Südtirol, auf die Welt gekommen. In seiner Kindheit gab es noch nicht einmal die Brennerbahn. Als im Jahre 1866 die österreichischen Truppen zu Fuß nach Italien in den Krieg zogen, hat er einem Soldaten mit größtem Stolz das Gewehr bis zum „Kalten Keller" tragen dürfen – einem alten Gasthaus wenige Kilometer südlich von Klausen. Besonderen Eindruck machte auf uns Kinder, dass er uns erzählte, wie unser Urgroßvater im Jahre 1809 auf der Flucht vor den Franzosen im Bergdorf Latzfons in einem Stall auf die Welt kam. Die Geburt im Stall war wie ein Stück Weihnachten in der Familiengeschichte. Wir waren stolz.

Aber am besten hat uns immer gefallen, wenn er von dem erzählte, was er oder andere damals angestellt haben. Und dazu brachte er uns meist nicht ganz stubenreine Lieder und Auszählreime bei. Die Großmutter hat diese pädagogische Tätigkeit des Großvaters immer wieder streng gerügt („Hast ihnen wieder was G'scheites beibracht!"), wenn wir am nächsten Morgen mit größtem Vergnügen die etwas derbe Volksdichtung vor ihr aufsagten. Anrüchige oder freche Sachen musste der Großvater abends immer wieder zum Besten geben. Aber mit dieser Vorliebe waren wir als Kinder keine Ausnahme – wie ich im Leben mehrfach feststellen konnte. Ich erinnere mich noch, wie mir der große Kirchenhistoriker und Patrologe Hugo Rahner SJ lachend erzählte, er hätte – vierjährig –, als er in einer vornehmen Gesellschaft im Heimathaus aufgefordert wurde, ein schönes Kinderliedchen zu singen, mit Inbrunst angestimmt: „Ja so a Lederhosn, die riecht grad nicht nach Rosen", worauf man ihn aus dem Salon pädagogisch entfernte.

Die kleine Welt des Winzigstädtchens Klausen in Südtirol war natürlich von all dem gekennzeichnet, was eine solche Gesellschaft an Liebenswertem und Belastendem bietet. Zu

Letzterem gehörte der Stadttratsch. Bedenkliche Vorkommnisse, Familienaffären, Peinlichkeiten und Entgleisungen blieben bei 700 Einwohnern keine Geheimnisse, zumal es für die effiziente Verbreitung eigene Organe gab, sozusagen einen Negativ-Sensations-Boulevard im Kleinformat.

In dieser Sparte betätigten sich in hervorragender Weise zwei Damen aus der Bürgerschaft, die über ein umfangreiches Wissen und noch umfangreichere Vermutungen über andere verfügten und deshalb auch gefürchtet waren. Sie ergänzten sich gegenseitig immer wieder tuschelnd in der Informationsbeschaffung mit den stereotypen Einleitungen:

*Hast du's schon gheart …*
*Was sagst denn du dazu …*
*Hear mir au, bei denen war ja schon die Alte nix wert …*
*Und er war ein Bsuff …*
*Von der Tochter hat man ja allm gredt …*
*Man möcht's nicht für möglich halten …*

So verband sich menschliche Neugier und moralisches Entsetzen mit dem so unsäglich wohltuenden Gefühl, nicht ganz so schlecht zu sein wie andere. (Die Redaktionsstuben moderner Boulevardzeitungen arbeiten übrigens nach dem gleichen Mix.)

Nach dem Sonntagsgottesdienst in der Pfarrkirche von Klausen stand man auf dem Platz vor der Kirche zum gemeinsamen Gespräch beisammen, die Männer mit Regglpfeife bei Vieh- und Weinpreisen, die Frauen beim Austausch von täglichen Sorgen, Kochrezepten und Kinderproblemen. Der Platz vor der Kirche in Klausen ist nicht sehr groß und so stand man dicht beisammen. Die beiden besagten Damen von der negativen Stadtchronik standen immer zusammen, ließen ihre

Klausen

Augen schweifen und entdeckten immer neue Opfer ihres reichen Hintergrundwissens und tauschten in seliger Tratschfreude ihre Einblicke und Wahrnehmungen mundvoll aus. Eigentlich war das ein recht unheiliger Ausklang des eben beendeten Gottesdienstes, eine höchst unpassende Mischung von Weihrauch und übler Nachrede.

Mein Großvater war damals (1868) zwölf Jahre alt und hatte einen Freund, dessen Vater Schneidermeister war. Die beiden teilten natürlich den Unwillen, den die beiden Tratschweiber im Städtchen auslösten.

Man muss nun wissen, dass Bürgerfrauen damals nach der gängigen Sonntagsmode Reifröcke trugen. Reifröcke bilden – auch wenn ich hier keine näheren Forschungen vorweisen kann – bedeutende Hohlräume und verhindern selbstverständlich unmittelbare Hautkontakte mit dem faltenreich beinschonenden Stoff.

In dem engen Gedränge schlichen sich die beiden Lauser (Großvater und Freund) an die zwei angeregt tuschelnden Damen heran und nähten die beiden Reifröcke an einer passenden Kontaktstelle zusammen. Dieses Werk im Untergrund blieb den höheren Schichten der plauschenden Menge unbemerkt.

Aber als die beiden Damen nach regem Gedankenaustausch sich trennen wollten, kamen sie nicht auseinander. Ihre Empörung war groß und die Schadenfreude des Volkes von Klausen tief und herrlich. Unser Großvater hat immer erzählt: „Niemand hat uns geschimpft, alle haben gelacht." Und wir waren als Kinder richtig stolz auf unseren Großvater. So konnte man in der Welt des kleinen Städtchens mit ein paar Nadelstichen Wirkungen erzielen. Immerhin haben die beiden Damen ihre Kontakte vom Kirchplatz in Wohnung und Küche verlegen müssen.

Wenn ich heute eines der vielen Produkte anschaue, die mit einer Kombination aus Skandalen, Halbwahrheiten, Verdächtigungen, überzogener Kritik, aufgebauschten Sensationen, düsteren Prognosen und knalligen Schlagzeilen arbeiten, dann geht gegen diesen Millionenmarkt mit Nadel und Faden nichts mehr! Aber vielleicht doch mit einem gesunden Hausverstand, ein wenig Respektlosigkeit vor dem Gedruckten und schließlich einem Schuss Humor.

## Fünftes Kapitel
# EINE ZEIT ZUM TRÄUMEN

*Zweimal waren wir mit Reinhold auf Urlaub in der Wachau. Dabei ist eine Seite zum Vorschein gekommen, die wir an ihm nicht so gekannt haben: das Träumen. Der Donaustrom mit seiner historisch interessanten und landschaftlich reizvollen Uferwelt hat seine lyrische Begabung geweckt. Kein Wunder, dass er diesem Thema auch einige Aquarelle gewidmet hat.*

# Der Strom

Ich bin nicht für die Eile,
flüstert der große Strom,
weil ich so gern verweile
bei der Burg und beim Dom.

Weil sie so lang schon säumen
still und groß meinen Strand –
darum wird leiser mein Schäumen,
Freunde sind wir – und verwandt.

Seit Jahrhunderten fließe
ich schon vorüber im Bette
und sende freundliche Grüße
zu ihrer Traumsilhouette.

Seh ich die Türme von Städten
ferne dort über den Hügeln,
muss ich den Wellenschlag glätten,
dass sie sich in mir spiegeln …

Die Donau in der Wachau

# Wachau

Wieder lockt uns der leise Sang
der Donau mit ihren kühnen
Burgtürmen über dem Rebenhang
und den verträumten Ruinen.

Wachsenden Schatten entfliehst du nicht,
auch nicht im Paradiese.
Doch geschwungene Giebel im Licht
tauschen noch fröhliche Grüße.

Und der smaragdene Wein wird uns ganz
diesen Tag noch veredeln
vor dem Mondsilberwellenglanz
und bei Marillenknödeln.

Burg Aggstein

# Melk

Bin nicht als Haus, bin als Orgel gebaut,
glaube mir, ich weiß es besser –
Auwälder haben's schon lange geschaut
und ihre stillen Gewässer.

Kann ich den ersten Morgenwind
um meine Türme spüren,
dann beginne ich leise und lind
dämmernd zu präludieren.

Fährt dann über das Baumkronenmeer
Licht wie das Morgenlaudate,
spiel ich dem Unfassbaren zur Ehr
eine zarte Kantate.

Wenn ich die Mittagssonne fühl
auf Kapitell und Lisenen,
lass ich im Licht- und im Schattenspiel
alle Register ertönen.

Seh ich dann später im weiten Rund
Berge und blaue Ketten,
schicke ich Fugen hinüber und
sehnsuchtsvolle Motetten.

Und lässt der letzte Sonnenstrahl
meine Fassade entflammen,
hört ihr noch einmal meinen Choral
mit den Glocken zusammen.

Melk

Bin nicht als Haus, bin als Orgel gebaut,
glaubt mir, ich weiß es besser.
Auwälder haben's schon lange geschaut
und ihre stillen Gewässer …

# Ruine Dürnstein

Nice!, ruft der Gast, aufs Höchste entzückt,
wenn er mich von seinem Schiffe erblickt
dort nach der letzten Biegung.
Nice! Apparate werden gezückt,
Filme gesurrt und Fotos geklickt
und ich steh zur Verfügung.

Und es kann sein, dass ich heimlich lach,
weil man mir einmal die Schönheit zerbrach
grausam mit Feuer und Schwert.
Aber so ist's – und der Trost ist schwach,
dass man Burgen und Menschen danach
erst als Ruinen verehrt.

Ruine Dürnstein

# Abendgesang der Donau

Ruhelos wandern die Tage,
mühevoll, denn ich trage
auf meinen Wellen die Zeit.
Kann nicht in Buchten rasten,
denn ich trage die Lasten
und ich trage sie weit.

Auf meinen goldenen Wogen
kommt das Leben gezogen
immer mit Lust und mit Last.
Schiffe mit fröhlichen Leuten
lass ich vorübergleiten –
flatternde Flaggen am Mast.

Langsam müht sich der Frachter
tief beladen und sachter,
schmutzige Fahne im Wind.
Neben der Ladung von Steinen
unter den Wäscheleinen
spielt des Steuermanns Kind.

Luxusschiffe, die schlanken
mit ihren blitzenden Flanken
schweben vorüber voll Stolz.
Nachdenklich schau ich die Pracht an,
lächle hinüber zum Frachtkahn
mit dem rumänischen Holz.

Donau mit Schloss Schönbühel

Abendsonne, die rote,
streift noch die Paddelboote
mit der verhaltenen Glut.
Und in des Abendwinds Hauchen
fühl ich die Ruder tauchen
sanfter in meine Flut.

## Sechstes Kapitel
# EINE ZEIT ZUM WANDERN

*Reinhold war nicht allein in seiner schwärmerischen Verehrung für das Wandern. Die Romantik des 19. Jahrhunderts und die Jugendbewegung des 20. Jahrhunderts haben es gepriesen.*

*In seinem Buch „Botschaft der Berge" hat er das Wandern am Berg besonders hervorgehoben. Auch in seiner kleinen Broschüre „Schauen, was hinter den Bergen haust" lobt er die Chancen eines bewussten Wanderns.*

*Kein halbes Jahr nach seiner „sanften Landung" hat ein außerordentlich innovativer Schulwart die Idee der „Nachtwallfahrt im Sinne Reinhold Stechers" aufgebracht und realisiert. Diese Initiative wurde von vielen mit großer Freude aufgenommen.*

*Während der erste hier veröffentlichte Text zum Thema Wandern noch einen Nachhall zu seiner „Botschaft der Berge" darstellt, nimmt Reinhold im zweiten Beitrag sensibel und gefasst zur Kenntnis, dass er mit den jungen „Bergkameraden" nicht mehr mithalten kann.*

# Die Berge sind mehr
Anlässlich der Einweihung des neuen OeAV-Zentrums in Innsbruck

Für die Einladung, das Haus des Alpenvereins segnen zu dürfen, möchte ich mich herzlich bedanken. Ich weiß mich seit Jahrzehnten dem Österreichischen Alpenverein verbunden. Und so vollziehe ich hier nicht irgendeine Zeremonie, sondern es schwingt mein Herz mit. Es geht hier nicht um ein „landesübliches religiöses Ritual", wie man so sagt, um einen frommen Schnörkel, um ein bisschen Folklore, um ein wenig Weihwasser. Das alles ist Symbol. Mich bewegen in dieser Stunde und bei diesem Kreuzzeichen des Segens zwei Anliegen für den Verein und die Menschen in ihm.

Beim ersten Anliegen geht es um eine Dimension des Wanderns und Bergsteigens, die in unserer rational-vordergründig-ökonomisch-nützlichkeitsorientierten Epoche gefährdet ist. Erlauben Sie bitte, dass ich das kurz erkläre.

Vor einiger Zeit habe ich einen Brief erhalten, in dem Folgendes stand: „Ich weiß nicht, was ihr mit den Bergen für ein Getue habt – das sind doch nur Steinerhaufen …"

Ich habe versucht zu antworten: Stimmt, die Berge sind Steinerhaufen, Schotterlieferanten, geologische Forschungsobjekte.

Aber sie sind noch mehr: Trinkwasserspeicher, Luftreiniger, Spitzenstromerzeuger.

Und sie sind noch mehr: Erholungsräume, Fitnessparcours, überdimensionale Turngeräte, Herausforderer für Gewandtheit, Ausdauer und Mut.

Beim Wandern in den Sextener Dolomiten

Und sie sind noch viel mehr: Sonnenglänzende Firnhänge, Abendrotwände, Fototräume, Filmkulisse und lebensbegleitende Erinnerungen für Leute meines Alters. Und sie sind noch mehr, und es ist mit allem dasselbe: Auch ihre Wälder, die blaugrünen Mäntel um ihr Schultern, sind mehr als so und so viele Festmeter Nutz- und Brennholz. Und ihre Wasserfälle sind mehr als so und so viele Sekundenliter $H_2O$ bei der und der Fallgeschwindigkeit und dem entsprechenden Energiepotenzial.

Aber auch damit ist ihr Reichtum noch nicht ausgeschöpft. Die Berge sind mehr, vor allem: Sie sind Orte tiefen Erlebens, sowohl des Erschauerns wie der Faszination. Vor fast hundert Jahren hat der Religionsphilosoph Rudolf Otto geschrieben, dass diese beiden Elemente, das „Tremendum", also das Erschauern, und das „Faszinosum", also das Faszinierende, Anziehende, Ergreifende, wesentlich zum Erlebnis des Heiligen gehören.

Und so umweht die Berge ein ganz großes „Mehr" – nämlich das Ahnen um Schöpfung und Unendlichkeit, um Kleinheit des Menschen und das Walten einer ewigen Schönheit und Macht. Und deshalb gibt es heilige Berge rund um den Erdball. Aber damit man diese vielen „Mehr" erfasst, braucht es eine Fähigkeit, eine Sensibilität, eine Antenne des Herzens (die man für den Steinerhaufen allerdings nicht braucht) – und das ist die Ehrfurcht.

Und diese Dimension wünsche ich dem Alpenverein und allen seinen Mitgliedern – die Ehrfurcht. Sie ist nicht gerade eine Tugend der Epoche. Die Trends unserer Zeit gehen in Richtung Kompetenz, Cleverness, Leistungsfähigkeit, Gespür für Chancen und Ähnliches, was der Beherrschung dieser Welt dient, aber nicht Richtung Ehrfurcht. Aber nur mit der Ehrfurcht kommt man zu dem, was man Kultur nennt. Und nur mit ihr nähert man sich der Tiefendimension unserer Existenz. Und darum wünsche ich mit diesem Segen hier allen Bergfreunden Ehrfurcht. Vielleicht das, was einmal in einem Lied des Alpenvereins angeklungen ist:

„Tirol, Tirol, so schön und weit,
　blühst du empor zur Ewigkeit …"

Das Zweite, was mich bei diesem Segen für Haus und Verein bewegt, ist etwas, was jeden Menschen und jede Gemeinschaft adelt: die Sorge um den anderen. Der Alpenverein muss sich um vieles sorgen. Sicher auch um materielle Dinge, um Geld und Finanzierungen, um Schutzhütten, Wege und Steige, um die Erneuerung der Markierungen, Stahlseilversicherungen, Materialprüfung für alpine Ausrüstung, Veranstaltungen, Bergfahrten, Schulungen. Aber das alles zielt ab auf die Sorge um den anderen Menschen. Und dafür braucht er die rechten Menschen: gute Verwalter, verlässliche Hüttenwirte, qualifizierte Bergführer, Berg- und Flugretter. Er muss Warnungen aussprechen, wenn Klimaveränderungen die Steinschlaggefahr erhöhen. Er muss sich um die Menschen in den Bergen sorgen, um ihre Sicherheit und ihre Umwelt. Und das tut er seit über hundert Jahren. Er braucht Idealisten, unzählige Ehrenamtliche, die an andere denken. Und das ist eben immer mit Sorge verbunden. Ich weiß, wie das ist. Ich habe es immer als ein großes Geschenk empfunden, wenn ich nach einem Alpinkurs alle jungen Leute wieder gesund im Tal hatte. Solche Sorge ruft nach Segen, weil uns dabei auch immer unsere menschliche Begrenztheit und Hilflosigkeit zum Bewusstsein kommt.

Und darum ist das Zweite, was ich dem Alpenverein und allen Bergbegeisterten wünsche, dass sie bei aller Sorge der Segen Gottes begleite. Nicht wie ein Talisman, sondern wie ein geheimes Wissen, dass wir und alle uns Anvertrauten in allen Situationen vom liebenden Gott umfangen sind, bis zu unserer letzten Bergfahrt in die Ewigkeit.

Das, liebe Freunde, sind meine beiden Anliegen bei dieser Haussegnung: die Ehrfurcht vor der Schöpfung und der Segen in aller Sorge.

Und in diesem Sinne bitte ich um euer Gebet.

# Kleiner Impuls
# für sanftere Routen
## Ein Beitrag für die OeAV-Jugendleiter

Wenn ich mich für ein paar Schritte bei euch einreihen darf, müsst ihr etwas langsamer gehn, liebe Bergfreunde. Denn ich bin 86 – und da komme ich bei dem Tempo, das ihr hinlegt, nicht mehr so leicht mit.

Aber was ich euch sagen möchte, das hat auch keine Bedeutung beim Tempobolzen, auf der Rennpiste, beim Sichern in der Eiswand oder bei den Spreizschritten im Kamin. Da braucht man die ganze Konzentration und Kraft für den Augenblick und kann an nichts anderes denken.

Aber wenn eure Spur zum Beispiel am Talbach entlang zieht, an den Raureifstauden vorbei, oder wenn es in weiten Schwüngen über sanfte Almböden geht, oder wenn man nach einem Nachtaufstieg am frühen Morgen über den flachen Gletscher einbiegt, über den das erste Sonnenlicht spielt, oder bei der kleinen Rast auf dem Rucksack – kurzum, immer wenn in unserer hektischen Welt ein wenig das Gesetz der Langsamkeit Einzug hält und die rhythmische Ruhe der Bewegung – dann würde das aktuell, was ich hier andeuten möchte.

Dann hören wir auf zu keuchen und das Atmen wird ruhiger, und die Augen dürfen sich vom unmittelbaren Vordergrund erheben und die Weite trinken, die sich öffnet, die Gedanken werden freier und unbeschwerter und das Herz kann auf die Reise gehn, manchmal wie ein kreisender Paragleiter, der im Aufwind höher steigt, über die schimmernden Grate hinaus.

Auf sanfter Route

Mir ist natürlich klar, dass es bei jungen Leuten am Berg zunächst um Bewegung und Leistung, Fitness und Können, Gipfelfreude und Rauschgefühl in den Firnhängen geht. Ich habe nichts dagegen. Es hat mich selber immer gefreut. Aber ich möchte euch auf eine geheime Chance der unspektakulären Wegstrecken hinweisen. Eine Voraussetzung dazu ist Stille. Ich weiß nicht, wie das bei euch ist, aber bei den vielen Alpinkursen, die ich mit jungen Leuten erlebt habe, gab es beim Aufstieg ein ungeschriebenes Gesetz: Maul halten! Zunächst war das sicher physiologisch begründet, weil ständiges Reden beim Berggehen das rhythmische Atmen verhindert und müde macht. Aber dieses Schweigen hat auch eine lebendige Innenseite. Ich habe viele Bergsteiger kennengelernt, die große Schweiger waren. Das haben sie von den stumm-ragenden Wänden, den stillen Karen, den träumenden Bergseen und den majestätisch-ruhenden Gipfeln gelernt.

Ich könnte heute niemanden mehr in die Berge führen. Mir fehlen die Kondition und die Trittsicherheit. Aber zu diesen ruhigen, gemächlicheren Phasen des Steigens und Gleitens erlaube ich mir aus langjähriger Erfahrung einen kleinen Impuls zu geben.

Lasst das Herz in den Bergen hie und da auf die Reise gehn, lasst es ein wenig träumen und sinnen und nachdenken, lasst ihm Flügel wachsen, sodass es eine gelassene Schleife über die Täler und Abgründe des Alltags drehen kann, und lasst es steigen, weil wir Menschen mehr mit dem Adler verwandt sind als mit dem Murmeltier, das in die finsteren Höhlen flüchtet.

Ihr werdet euch nicht wundern, wenn ein alter Bischof erklärt, er habe beim Wandern durch die vielen Nächte und Tage in den Bergen das Beten gelernt. No na – kann sich einer denken, das ist ja sein Metier. Aber ich muss es euch sagen, auch wenn mir klar ist, dass für so manchen der Einstieg nicht leicht ist: Es ist eine wunderbare Erfahrung, wenn Mensch und Schöpfung, dunkler Abgrund und lichte Höhe, Gipfelspur und blauer Horizont, Leben und Tod, Zeit und Ewigkeit in der Seele zusammenklingen wie eine große Symphonie des Daseins.

Vielleicht wird euch einmal diese Erfahrung geschenkt. Sie ist mehr wert als ein Viertausender.

Aber jetzt lasse ich euch wieder allein weiterziehen. Ihr habt den schnelleren Schritt …

## Siebentes Kapitel
# EINE ZEIT ZUM MEDITIEREN

*In Reinholds Unterlagen habe ich einige kleine „Blitzlichter" gefunden, die vorzulegen mir ein besonderes Anliegen ist. Sie stammen großteils aus seinen letzten Lebensjahren, manche sogar aus seinen letzten Lebensmonaten, und überfliegen bereits seine erhoffte „sanfte Landung".*

# Morgen am Waal

Für viele ist Waal natürlich ein Fremdwort. Aber für die Menschen, die an den Nordhängen des Vinschgaus wohnen, ist der Waal immer so etwas wie eine Lebensader gewesen. Die Waale sind die Wasserläufe, die von den Tälern herauskommen oder von der Etsch abzweigen und das kostbare Nass von Wiese zu Wiese leiten, von Hang zu Hang, seit Jahrhunderten sorgfältig gebaut und wie ein Heiligtum gehütet. Die Nutzung des Wassers aus dem Waal war immer schon strengen Gesetzen unterworfen, genau verteilten Wasserrechten für jeden Bauern. Auch Verunreinigungen des Waals wurden schon vor Jahrhunderten streng bestraft. Heute verteilen die kreisenden Fontänen das Wasser etwas rationeller als in meiner Kindheit, wo man einfach den Wasserstrom über die Wiesen lenkte. Wir haben am Waal, der unter unserem Haus vorbeifloss, oft gespielt. Er kam aus der Etsch und hatte einen weiten Weg bis hinaus auf die größte landwirtschaftlich geschlossen genützte Fläche Tirols, die Malser Heide oder die „Multen", wie die Leute sie dort nennen.

Um fünf Uhr früh begann das Wasserrecht für unsere Wiese auf der Multen. Wir Kinder wollten unbedingt dabei sein, wenn das Wasser umgeleitet wurde, und so zogen wir um drei Uhr früh mit hinaus auf die Weite der Multen, auf dem Weg neben dem Wasserwaal, bis zu unserer Wiese.

Ich weiß nicht, warum mir dieser Morgen so unvergesslich wurde. Es war natürlich eine ganz ungewohnte Stunde, ganz anders als sonst bei der Heuarbeit in der Sonne und dem da droben auf der Reschenpasshöhe immer wehenden Wind, der das Bergheu schonender trocknete als die Hitze drunten im

Der Haidersee mit Ortler am Morgen

Unterland. Es war da in der schwindenden Nacht eine große, stille Einsamkeit um uns – nur das Wasser gluckste ein wenig im Waal. Wir Kinder saßen da am Wiesenrand und schauten zu, wie das erste zarte Leuchten über die Königsspitze und den Ortler kam, nur ein schwacher Schimmer auf den Eisbrüchen und Gletschern. Vom gegenüberliegenden Berghang grüßte weiter unten der helle Bau des Stiftes von Marienberg, des höchstgelegenen Benediktinerklosters Europas. Um fünf Uhr hörte man einen schwachen Glockenschlag von Burgeis herauf, zur Sicherheit gab es noch einen Blick auf die Uhr – und dann wurden die Bretter am Waal umgestellt. Der Bach ergoss sich in die Wiese, die schon sehr trocken war.

Es war ein beinahe feierlicher Augenblick, und der Himmel inszenierte dazu einen überwältigenden Rahmen. Der blasse Schimmer auf den Flanken von Königsspitze, Ortler und den Trafoier Spitzen ging in strahlendes Orange über, kontrastiert von den blauen Schatten in den Wänden. Die Bergwälder und Almhänge begannen langsam grün aufzuleuchten, während wir noch immer im tiefen Schatten der Nacht verblieben. Aber es ist immer wieder ein bewegendes Schauspiel, wie das Licht am Morgen ein Tal erobert – und wenn man das sieht, kann man einfach nicht ganz mutlos bleiben.

Später, viel später ist mir zum Bewusstsein gekommen, dass dieser Morgen auf der Bergwiese mit dem strömenden Wasser über den trockenen Hang, dem Glockenschlag und dem über die Welt hereinbrechenden Licht eigentlich ein wunderbares Symbol für den Ostermorgen ist.

# Das andere Handy

Wir leben in der Epoche des Handys. Ich weiß mich am Rande der modernen Gesellschaft, weil ich keines habe – das heißt, ich habe nur eines im Rucksack, in den es mir fürsorgliche Freunde für den Fall gesteckt haben, dass ich allein in die Berge gehe. Und damit ist natürlich schon gesagt, dass Handys für vieles nützlich sein können. Sie entlasten Alltagssorgen, bauen Brücken und können manchmal sogar Leben retten.

Aber ich bleibe trotzdem dieser Erfindung gegenüber reserviert. Manchmal werden diese Westentaschentelefone zu Nebelhörnern, mit denen man auf dem Meer der Öffentlichkeit seine Bedeutung und Wichtigkeit kundtut. Sie mutieren zu Statussymbolen. Neulich stand in der Zeitung, dass Kinder, die kein Handy haben, als „arm" einzustufen seien. Vielleicht ist das nur ein Gag der Handy-Industrie. Kinder bräuchten heute eher mehr Hände, die sie liebevoll führen, als Handys, mit denen sie hemmungslos durch die Gegend plappern. Wenn dann mit steigendem Alter die Telefonrechnung atemberaubende Höhen erreicht, alle Taschengelder sprengt und in die Verschuldung Jugendlicher führt, wird das Handy endgültig zum Handicap der Vernunft.

Meine emotionale Distanz zum Handy hat natürlich persönliche Gründe, die ich nicht leugnen will. Ich leide beim Handy zu oft unter demselben Problem wie als Nichtraucher. Wenn ein anderer vor mir qualmt, bin ich gezwungen, passiv mitzurauchen. Beim Handy werde ich gezwungen mitzuhören, zumindest dann, wenn der Piepser indiskret benützt wird. Ich kann davon ein Lied singen. Denn ich bin ein Bahnfahrer.

Wenn man in einem Abteil sitzt, in dem drei Mitreisende ein Handy in Betrieb haben, gewinnt man ungewollt bunte Einblicke in fremde Lebenswelten auf den verschiedensten Ebenen der Gesellschaft.

Beim distinguierten Geschäftsmann neben mir meldet sich das Handy nicht mit einem ordinären Piepston, sondern mit einem Motiv aus Mozart. Stilgerecht ist auch die Eröffnung des Dialogs mit „Meine Verehrung, Herr Kommerzialrat", – während rechts von mir die junge Frau ein intim-herzliches „Servus, Schatzi" flötet. Die nuancenreiche Doppelconference mit unhörbaren Partnern geht mit „Selbstverständlich, ich werde das sofort an unsere Filiale weitermelden, Sie können sich darauf verlassen" und „Du, vergiss mir ja nicht, die Wäsche vom Balkon hereinzutun, wenn es zu regnen anfängt ..." weiter. Während sich Familienidyll und Großhandel kreuzen, stößt der junge Mann gegenüber nach einem anscheinend aufreizenden Anruf in den innersten Betrieb seines Sportvereins vor: „Mensch, hast du dir das Spiel am Samstag ang'schaut? Depperter geht's nimmer, solche Flaschen ..." Neben mir flüstert es ergeben: „Herr Kommerzialrat, ich bedaure das zutiefst", und beim Schatzi auf der anderen Seite sind inzwischen auch herbere Töne aufgekommen: „Du – den unsympathischen Menschen ladest du mir gefälligst nicht ein, der geht mir gerade noch ab." Der Sportler gegenüber versichert seinem Gesprächspartner, dass sie unbedingt den Charlie in die Verteidigung nehmen müssten, „sonst holt ihr euch wieder einen Schraufen".

Die Gesprächsfetzen fliegen dem Passivhörer nur so um die Ohren. In solchen Augenblicken wird das Handy für mich zum Symbol für das gesellschaftskritische, hochaktuelle Thema „Verlust der Intimität". Beim nächsten Piepser werde ich auf den Gang hinausgehn und den Räder-Schienen-Rhythmus als wohltuende Beruhigung empfinden. Es interessiert mich einfach nicht, ob die Wäsche vom Balkon herinnen ist und was die Beschwerde des Herrn Kommerzialrat angeht und welche Flaschen am nächsten Samstag Fußball spielen.

Ich mag bei den Handys nicht mithören.

Es gibt allerdings eine andere Art von Handy. Es ist ein Handy, das nicht in Hand- oder Rocktaschen steckt, sondern viel, viel tiefer, im bedrängten oder dankbaren Herzen. Es meldet sich nicht mit aggressivem Pfeifton. Es wird ganz leise bedient und bleibt im Raum der Stille. Die von ihm benützten Wellenlängen schwingen sich über Raum und Zeit hinaus in die Unendlichkeit. Auch der Gesprächspartner bleibt im Schweigen. Aber dieses Schweigen ist mit Verstehen und Zuhören, Aufmerksamkeit und Empathie, Güte und Hilfsbereitschaft erfüllt.

Vielleicht schöpft man selbst den Mut, dieses Handy zu benützen. Es verlangt nur ein wenig Besinnung, etwas Zeit und einen Schuss Vertrauen. Und von dem großen, verständnisvollen Schweiger, der immer wieder schon in diesem Leben die Zeichen seines Trostes austeilt, heißt es in der Schrift (Ps 37,6):

„Herr, deine Güte reicht, so weit der Himmel ist,
deine Treue, so weit die Wolken ziehen …"

Und das bedeutet, dass er immer auf Empfang ist. Dort drüben geht kein Ruf ins Leere.

Auch wenn mich der Handylärm in unserer informations- und kommunikationsfreudigen Gesellschaft manchmal nervös macht – ich kann Ihnen versichern, dass ich mit diesem anderen Handy sehr gute Erfahrungen gemacht habe.

# „Die Freude am Herrn ist eure Stärke" (Neh 8,8b–10b)

Das Wort ist mir vor einiger Zeit einfach im Breviergebet begegnet. Und bei den vielen Worten, die man da sagt, rauscht auch Vieles vorbei, unbeachtet, mit dürftiger seelischer Bewegung, wie es eben beim Gebet mit vielen Worten und meiner oberflächlichen Art zu denken und zu leben leicht geschehen kann. Aber bei diesem Wort des Nehemias habe ich unmittelbar innegehalten. Es ist ja ein eher selten gebrauchtes Bibelzitat. Vielleicht auch deshalb ist es aus den Zeilen herausgesprungen und wollte nicht überlesen werden. Es war mit Aktualität beladen, denn ich war gerade in der Stimmung einer gewissen Kirchentrauer, die ich nicht näher zu erklären brauche. Was soll man sagen, wenn mit einer erschreckenden Regie und Regelmäßigkeit jedes halbe Jahr von oben her ein Ereignis, eine Aussage, eine Maßnahme geschieht, die Tausende aus der Kirche treibt. Und nun dieses Wort: „Eure Freude am Herrn ist eure Stärke!"

Ich weiß, welcher Verdacht jetzt bei manchem von Ihnen aufkommen könnte: Will er den Frust mit Glaubensüberschwang kompensieren? Es geht mir um keine Kompensation, keine Ablenkung, keinen Überschwang. Ich denke mir ganz nüchtern: Dieses Wort hat wie der Ärger an manchen Zuständen im Sinne des göttlichen Heilswillens wohl nur einen Zweck: Endlich wieder einmal die Mitte ins Auge zu fassen, jene Mitte, der gegenüber alle Turbulenzen und unerfreulichen Machtspiele ein Stück Schmierentheater im Abseits des Heils werden, jenes Heils, das von Jahrtausend zu Jahrtausend strömt. Es geht um diesen Christus, der wie ein funkeln-

der Kristall alles bündelt, was da an Strahlen der Sehnsucht aus der Menschheit kommt und als Erfüllung vom ewigen Gott her strömt.

Wir dürfen nicht verlernen, aus der Freude zu leben. Freude bedeutet Daseinsbereicherung. In der Freude liegt Erhellung und Aufschwung. Freude bedeutet auch „Glück" – ein Wort, mit dem man behutsam umgehen muss. Genießen oder Vergnügen, das, was man im heutigen Jargon „Spaß" nennt, können mit der Freude nicht mithalten. Vergnügen ist das Gekräusel an der Oberfläche, Freude, das sind die breiten Grundwellen des Golfstroms, der die Küsten des Lebens wohnlich macht. Freude macht die Tore unserer Existenz auf. In der Freude liegen ein Umfassen und ein Beschenktwerden und ein Schenken. Darum heißt es ja: „Seid umschlungen, Millionen, diesen Kuss der ganzen Welt ..." Es ist doch schön, dass weder der protzige Badenweilermarsch (der Lieblingsmarsch von Adolf Hitler) noch die blutrünstige Marseillaise (aus der Französischen Revolution), noch „Gold und Silber lieb ich sehr" zur Europahymne wurde, sondern eben die Hymne an die Freude!

# Lyrik auf der Seceda

*Reinhold wollte bis zuletzt immer wieder in die Höhe. So fuhren wir mit ihm am 20. August 2012 mit der Seilbahn vom Grödental auf die Seceda. Dort spazierten wir auf einem sehr flachen Wanderweg dahin und nahmen auf einer angrenzenden Wiese unser Picknick ein.*

*Um diese „Bergtour" ins Gedicht zu bringen, trug er uns beim Picknick Folgendes spontan vor, das ich sofort in meinem Skizzenblock stenografisch festhielt:*

„Die einst Alpinisten hießen,
flacken heute auf den Wiesen.
Sie meiden harte Grat und Wände
und lieben nur noch flach's Gelände.
Und statt zu gehn auf kühnen Führen,
tun sie die Seilbahn abonnieren.
Den Fels bewundern sie von ferne,
das Eis, das haben sie noch immer gerne.
Man liegt in Alpenrosen hier
und liebt nur noch das Dosenbier.
Einst warn wir, wo die Adler wohnen,
jetzt reichen uns die Bergstationen.
Ich sitze hier recht faul und schlappe,
der Bergschuh ist nur eine Attrappe.
Ich nimm zur Kenntnis, dass das so isch,
nur das Gefühl ist noch heroisch.
Einst war ich stark, jetzt bin ich schwach.
Aufstehn geht mit Ach und Krach,
und ist die Tour nur noch ein Schmäh,
das Aug blickt kühn wie eh und je."

Blick vom Col da Fill (Seiser Alm) zur Seceda

*Kurz darauf treten wir den „Rückmarsch" an, wieder ohne sonderliche Steigung. Etwa 200 Meter vor der Bergstation zweigt ein Weg nach rechts ab, führt steil hinauf und endet auf einer Anhöhe mit einem großen Kreuz. Dort will er unbedingt hinauf. Ich bin hinter ihm. Etwa 20 Meter vor dem Kreuz bleibt er – schwer atmend – stehen und sagt nach einer kurzen Ruhepause: „Jetzt merke ich langsam, dass ich alt werde!", um gleich anschließend wieder „lyrisch" zu werden:*

„Auf einmal stehe ich verwundert,
zwischen neunzig und bald hundert!"

*Er war zu diesem Zeitpunkt neunzigeinhalb Jahre alt.*

# Die Ewigkeit in der Zeit

## Predigt anlässlich eines 45. Maturajubiläums

Wir alle erleben die jagende Zeit. Je älter wir werden, umso schneller laufen die Jahre. Es ist dies einfach eine allgemeine Tatsache in der Erlebnispsychologie der Lebensalter. Gleichzeitig bekommen wir einen Sinn für das Bleibende, das Gewichtige, das Beharrende. Wir bekommen ein Feeling für die Ewigkeit in der Zeit.

Wenn wir an den Portalen des Schlosses Tirol die frühromanischen Bandornamente bewundern, die keinen Anfang und kein Ende haben, dann sind das Symbole für die Ewigkeit in der Zeit.

Wir gehen über orientalische Teppiche mit den vielen sich wiederholenden Ornamenten und denken nicht daran, was im Islam das Ornament für einen Sinn hat: Es ist ein Hinweis auf das Ewige in der Zeit.

Wir erleben es auch im Immer-Wieder der Natur, in dem zum unzähligen Mal erwachenden Frühling, im Gesetz der Rhythmen und im Symbol der Welle, das in alle Ordnungen der Materie hineinreicht.

Wir erfahren die Ewigkeit in der Zeit im jährlichen Kreisgang des Kalenders, in den sich wiederholenden Festen. Zur Zeit Jesu stieg vom Tempel in Jerusalem jeden Tag um neun und um achtzehn Uhr eine Rauchsäule vom Opferaltar empor – und die Priester bliesen dazu mit ihren Hörnern über die Stadt Jerusalem hin. Dieses Opfer hieß hebräisch „Tamid", das heißt „immer wieder". Ich glaube, dass es der Natur des Menschen entspricht und dass man es für eine Gnade halten muss, wenn man in den hohen Jahren ein Sensorium für diese symbolhafte Gegenwart des Unvergänglichen bekommt. Es gehört zur Landschaftsveränderung unserer Lebensreise. Es ist nichts Beängstigendes. Es ist so ähnlich, wie wenn man auf der Wanderung durch den Hochwald plötzlich auf die Lichtung über der Waldgrenze kommt und einen Wind vom Gipfel her spürt, auf den man zugeht.

Das Thema „Ewigkeit in der Zeit" hat auch eine ethische Seite. Es gibt eine Haltung, eine Tugend – um das alte Wort zu verwenden –, die die Ewigkeit in die Zeit hineinstickt, wie die fleißigen Hände der Weberinnen das Ornament in den Teppich zaubern, wie der Steinmetz die verschlungenen Bandmotive in den Sandstein meißelt … Diese Tugend, die das „Immer-Wieder" in das Leben webt, hat kein Prunkgewand. Sie bevorzugt Alltagskleid, Büromantel, Schürze, Overall und schlichtes Outfit: Es ist die T r e u e .

Sie ist nicht unbedingt eine Tugend unserer Epoche. In unserem Lebensgefühl liegt eine geheime Angst vor dem „Immer-Wieder", eine Bindungsphobie, eine ständige Sorge, sich Zwängen auszuliefern und sich zu verpflichten. Und so trällert unsere dem Momentanismus huldigende Gesellschaft (wie die Verhaltensforscher sagen) als Leitmelodie eher den Operettentext „Treu sein, das liegt mir nicht".

Man weiß, dass letztlich doch die Treue die Voraussetzungen für das schafft, was man Lebensqualität nennt. Treue Menschen möchte ich mit den Pfeilern der Europabrücke vergleichen, die vierzig Meter in den gewachsenen Fels hinunterreichen und in ihren Wänden im Verhältnis zu ihrer Höhe eigentlich sehr dünn sind: Aber das sind keine Mauern, das ist Stahl an Stahl, und die stählernen Stränge sind nur mit dem unscheinbaren Beton umkleidet. Sie sind elastisch und könn-

Der Osterleuchter in der Spitalskirche (Innsbruck)

ten schwere Erdbeben aushalten. Und sie tragen den großen Transit. So tragen die Treuen in Familie und Gemeinschaft, in Gesellschaft und Kirche den großen Transit des Lebens, umkleidet mit dem schlichten Beton des Alltags.

Irgendwo im Alten Testament wird der treue Mensch mit dem Zeltpflock verglichen. Jeder, der im Sturm Zelte aufgestellt hat, weiß, dass auf die Zeltpflöcke alles ankommt, dass sie im Boden halten müssen. So schaffen nur treue Menschen jene Räume der Geborgenheit, des Vertrauten und des Verlässlichen, die der Mensch von Kindheit an so notwendig braucht.

Die großen Theologen der Kirche haben die Treue bis zum Ende als das *magnum Dei donum*, das große Geschenk Gottes bezeichnet.

Die Ewigkeit in der Zeit hat nichts Bedrückendes. Der Gedanke an sie wirkt eher wie das schwellende Segel eines Schiffes, das zu den letzten Ufern aufbricht. Und in unserer religiösen Sprache haben wir ein Wort, das uns die Ewigkeit in der Zeit immer wieder in Erinnerung rufen möchte: „Aman", das heißt hebräisch „Feststehen". Und so kann ich mit keinem Wort diese kleine Meditation sinniger schließen als mit *Amen,* so ist es und so bleibt es!

# Gedanken zu den Generationen

## Ein Wort des Herrn für jede Generation aus der Geheimen Offenbarung

*Reinholds letzte Silvestermeditation ist nur in seiner Rohfassung erhalten geblieben, soll aber wegen der Tiefe der Gedanken den Lesern nicht vorenthalten werden.*

*Die Generation der Kinder*
In einer geborgenen, aber nicht problemlosen Welt. Das Tiefste, was in den Jahren des Ganz-in-der-Familie-Seins wachsen kann: das Urvertrauen.

„Ich will ihm geben einen weißen Stein und in den Stein ist ein Name eingeschrieben, den niemand kennt als der, der ihn empfängt." (Off 2,17) Das Bild vom weißen Stein: das beschützende Symbol; Jesus Christus ist bei mir, er hält mich, ich gehöre ihm, ich bin geborgen, ich brauche keine Angst zu haben: das Bild des weißen Steins als Bild des Urvertrauens.

*Die Generation der aufgehenden Horizonte*
Die Beginnenden: Es gibt keine Zeit im Leben, in der der Mensch so fähig ist, seine Seele auf das Große zu richten. Selbst sich Ziele zu setzen, Aufgaben, zu denen man nicht gezwungen wird, nicht einmal von einem Gebot. Magnanimitas (die Hochherzigkeit), das „Magis" des Ignatius von Loyola. Die Stunde der großen Routenwahl. Eine Stunde, in der man nicht alle Wege vorgezeichnet und geebnet hat. Das Wort Christi für den Menschen des aufgehenden Horizonts: „Ich will dir geben den Morgenstern." (Off 2,28)

*Die Generation der Höhe:*
Mitten in der Fülle des Lebens, geprägt von der Rolle auf einem festen Platz, an dem man weiß, was zu tun ist, im Beruf, als Vater, als Mutter. Auch nicht problemlos, aber doch stehen viele Werte außer Diskussion, um die desorientierte Erwachsene herumschwatzen: die Treue, das Füreinander-Dasein, die tägliche Pflicht, das Maß, die Funktion des festen Pols, das erarbeitete Ideal, nicht mehr das erträumte. Wort Christi für die tragende Generation der Lebenshöhe: „Ich will dich machen zu einer Säule im Hause meines Gottes." (Off 3,12)

*Die Generation der Älteren:*
Abtreten – abbauen – sich zurückziehen – langsamer werden – überflüssiger werden in manchen Dingen? Verschieden nach Situation, aber trotzdem, es mögen sanfte Hänge sein, aber es geht zu Tal. Der Strom bildet stillere Buchten, ein bisschen ins Abseits. Aber gerade das ist zur Reife nötig, um Distanz zu bekommen, zum Wesentlichen vorzustoßen. Bedeutung des krisenfesten Lichtes, wichtiger als alle Neonröhren. Das Wort Christi: „Ich werde dir geben das Leben als Siegeskranz." (Off 2,10)

Jung und Alt im Innsbrucker Hofgarten

# Beten mit der Heiligen Schrift

*Die nachstehenden vier Texte stammen aus der Bibel und aus dem Koran.*

*Reinhold hat diese mit eigener Hand kunstvoll in den Originalsprachen (Griechisch, Hebräisch und Arabisch) niedergeschrieben. Dabei erweist er sich als wissenschaftlich denkender und arbeitender Theologe. Gleichzeitig folgt er als Betender den Spuren der göttlichen Offenbarung.*

## Magnifikat

Hoch preiset meine Seele den Herrn.
Und mein Geist frohlockt in Gott, meinem Heiland.
Denn Er hat herabgeschaut auf die Niedrigkeit Seiner Magd;
siehe von nun an preisen mich selig alle Geschlechter.
Denn Großes hat an mir getan, der Mächtige,
heilig ist sein Name.
Und Sein Erbarmen waltet von Geschlecht zu Geschlecht
über allen, die Ihn fürchten.
Er übt Macht mit Seinem Arm, zerstreut die Stolzgesinnten.
Machthaber stürzt Er vom Throne und Niedrige erhöht Er.
Hungrige überhäuft Er mit Gütern
und Reiche lässt Er leer ausgehen.
Um Israel, Seinen Knecht, nahm Er sich an,
eingedenk seiner Barmherzigkeit.
So wie Er es unseren Vätern verheißen,
dem Abraham und seinen Kindern auf ewig.

Lukas 1,46–55

Μεγαλύνει ἡ ψυχή μου τὸν κύριον καὶ ἠγαλλίασεν τὸ πνεῦμά μου ἐπὶ τῷ θεῷ τῷ σωτηρί μου· ὅτι ἐπέβλεψεν ἐπὶ τὴν ταπείνωσιν τῆς δούλης αὐτοῦ, ἰδοὺ γὰρ ἀπὸ τοῦ νῦν μακαριοῦσίν με πᾶσαι αἱ γενεαί· ὅτι ἐποίησέν μοι μεγάλα ὁ δυνατός, καὶ ἅγιον τὸ ὄνομα αὐτοῦ καὶ τὸ ἔλεος αὐτοῦ εἰς γενεὰς καὶ γενεὰς τοῖς φοβουμένοις αὐτόν. Ἐποίησεν κράτος ἐν βραχίονι αὐτοῦ, διεσκόρπισεν ὑπερηφάνους διανοίᾳ καρδίας αὐτῶν, καθεῖλεν δυνάστας ἀπὸ θρόνων καὶ ὕψωσεν ταπεινούς, πεινῶντας ἐνέπλησεν ἀγαθῶν καὶ πλουτοῦντας ἐξαπέστειλεν κενούς, ἀντελάβετο Ἰσραὴλ παιδὸς αὐτοῦ, μνησθῆναι ἐλέους, καθὼς ἐλάλησεν πρὸς τοὺς πατέρας ἡμῶν, τῷ Ἀβραὰμ καὶ σπέρματι αὐτοῦ εἰς τὸν αἰῶνα

Magnificat

# Psalm 117

הַלְלוּ אֶת־יְהוָה כָּל־גּוֹיִם
שַׁבְּחוּהוּ כָּל־הָאֻמִּים
כִּי גָבַר עָלֵינוּ חַסְדּוֹ
וֶאֱמֶת־יְהוָה לְעוֹלָם
הַלְלוּ־יָהּ

Lobet den Herrn, alle Heiden,
preiset ihn alle Völker,
denn seine Gnade und Wahrheit
waltet über uns in Ewigkeit.
Halleluja

Die erste Sure

بِسْمِ ٱللَّهِ ٱلرَّحْمَٰنِ ٱلرَّحِيمِ
ٱلْحَمْدُ لِلَّهِ رَبِّ ٱلْعَالَمِينَ
ٱلرَّحْمَٰنِ ٱلرَّحِيمِ

Im Namen Allahs,
des Allbarmherzigen,
des Erbarmers!
Gelobt sei Gott,
der Herr der Welten

Psalm 84

אַשְׁרֵי אָדָם מָעוֹז־לוֹ בָךְ מְסִלּוֹת בִּלְבָבָם

Ps 84,6
Selig die Menschen, deren Herz
den Pilgerstraßen gehört!

Gott segne Dich!